可怜天下
CEO

一个非典型公司的管理手记

齐一民 ◎ 著

北方联合出版传媒（集团）股份有限公司
春风文艺出版社
·沈阳·

图书在版编目（CIP）数据

可怜天下CEO：一个非典型公司的管理手记／齐一民著. —沈阳：春风文艺出版社，2018.7（2021.8重印）

ISBN 978-7-5313-5379-9

Ⅰ.①可… Ⅱ.①齐… Ⅲ.①公司—企业管理 Ⅳ.①F276.6

中国版本图书馆CIP数据核字（2018）第050110号

可怜天下CEO　　　　　　　　版权专有　侵权必究

出版发行：	北方联合出版传媒(集团)股份有限公司
	春风文艺出版社
	（地址：沈阳市和平区十一纬路25号　邮编：110003）
联系电话：	024-23284402/010-88019650
传　　真：	010-88019377
E-mail：	fushichuanmei@mail.lnpgc.com.cn
印　刷　者：	三河市兴国印务有限公司
经　销　者：	各地新华书店

幅面尺寸：	145 mm×210mm		
字　　数：	190千字	印　　张：	9.375
出版时间：	2018年5月第1版	印刷时间：	2021年8月第2次
责任编辑：	崔　丹	责任校对：	陈　杰
装帧设计：	大名文化	责任印制：	高春雨

如有质量问题，请速与印务部联系　联系电话：010-88019750

ISBN 978-7-5313-5379-9
定价：35.00元

目 录

为何说"天大"公司是一个"非典型"的公司……………… 1
当 CEO 还不如当车把式 …………………………………… 3
现金流如"人流"……………………………………………… 4
董事长的屁股后面没椅子啦 ………………………………… 6
"天大"公司有比较竞争优势吗 ……………………………… 8
抓钱如瓮中捉鳖 …………………………………………… 10
在真假虚实中管理 ………………………………………… 13
战略的成功="噢,原来是这么回事" …………………… 16
当老板如当驯兽员 ………………………………………… 19
《老子兵法》VS《孙子兵法》…………………………… 21
还有《庄子兵法》………………………………………… 23
三"子"之变 ……………………………………………… 25
七大姑八大姨——"非典型"公司的组织结构 ………… 27
"他"——原来是你二姨 ………………………………… 29
总喜欢游击的中国人——"非典型"公司的核心
　　力量 …………………………………………………… 32
我们公司的伟大导师——老鳖 ………………………… 39
打的就是十三不靠 ……………………………………… 42

1

我怎么那么像个黑老大…………………………………48
他"腾"的一下——从高楼上跳了下来…………51
怎么都嫁不出去的"天大"公司员工………………54
我就是那个"船长"……………………………………58
智者的话令我大吃一惊………………………………60
天上掉下来个打架的…………………………………63
俺就快变为成功人士啦………………………………66
伟大的40/50工程……………………………………68
半身不遂的公司………………………………………73
火车头原理——"天大"的经营战略………………77
"天大"内部改革派与保守派的玩命斗争…………81
我终于借来一把裁人的刀……………………………83
早革命的还不如晚革命的……………………………87
迫不得已的变革………………………………………89
企业文化的惰性………………………………………92
"文化"是双刃的………………………………………95
惰性们的变种…………………………………………99
游击队之歌……………………………………………102
CBD是"中央大粪区"………………………………104
"天大"的长征…………………………………………106
从马桶到集便器的进化………………………………109
由首席代表到首席执行官的升华……………………111
CEO是平衡木上跳跃的狗熊…………………………113

公司者，道具也……117
令大多数人憎恨的道具……119
"公司"之辨……122
我误将"中国公司"开成了"法国社会"……126
静态的"社会"和动态的"连队"……128
动态的"连队"和静态的"社会"……130
从会长、董事长到CEO……132
忠实的与背叛的士兵……134
成了光杆司令的CEO……136
像鸡一样好斗的首席执行官……138
人无压力轻飘飘……140
那些非法的"法人"……143
"倒卷肱"式的进退……145
80/20理论之新解……147
20/80背后的天机……149
你一定要养个"备胎"……151
公司里的"公私"之一……153
并不好玩的猫鼠游戏……156
点杀典狱长……159
公司里的"公私"之二——"江山"……162
作为首席执行官——你不能不懂得兵法……165
那传说中的《齐子兵法》……168

你为何要为公司关门而哭泣……………………………172
那无所不包和无处不在的兵……………………………174
会用兵者，满目皆兵也…………………………………177
生意就是寄生虫…………………………………………180
譬如朝露之母体…………………………………………182
每个老板都是在玩着命的………………………………185
那东藏西躲的奶酪………………………………………189
那伟大的"天大"公司精神……………………………192
我率领的其实是一支"工农红军"……………………195
在善与恶之间每日徘徊的"天大"人性………………197
管理之道，一张一弛……………………………………200
一个若即若离的执行官…………………………………204
对出走的队员，你要送上刚从炽热的牛粪上取下的
　鲜花……………………………………………………207
谁说英雄莫问出处………………………………………209
我花巨资为南方人烫着屁股……………………………211
其实我比谁都更想跳槽…………………………………214
最近我和小布什、普京都有点烦………………………217
谁来继承"非典型"企业………………………………221
就留给他们孤魂野鬼……………………………………224
上帝一般的隐形之手……………………………………226
我在半睡半醒时睁半只眼………………………………230

"天大"一下丢了40个亿 ………………………… 232
"天大"的财会被勒令只能报喜不能报忧 ………… 234
开小公司的三种意境 ……………………………… 237
做生意是写长诗 …………………………………… 241
可怜天下CEO ……………………………………… 245
我假装要退位时弟兄们的反应 …………………… 247
你攒人才要像集邮般耐心 ………………………… 249
我没犯拉链门的错误,却像克林顿一样背上了债 … 252
连老子我都开始当孙子了,你们 ………………… 256
看老洪怎么直销花边窗帘 ………………………… 260
本人和本公司还能小学毕业吗 …………………… 263
我是个从不带枪的连长 …………………………… 267
"天兵"们打仗时用长白山棺木殿后 ……………… 271
我精心布置了一个十分重要的会议 ……………… 276
总在燃烧的六姐那份激情啊 ……………………… 280
我们从SARS中来 再回SARS中去 ……………… 283
后记:一种了结的纪念 …………………………… 288

为何说"天大"公司是一个"非典型"的公司

总的来说,要回答这么大的问题,还是有一些困难的。因为本人这个 CEO 创办的"天大"公司的非典型性,实在是太多太多了,多到非要用不是典型的方式和方法来描述才成。比如说,"天大"公司所经营的主要产品——美制"巨无霸"牌集便器,就是非典型类的——它比一般国产的集便器要大 1/3,比日本生产的"吉野"牌集便器要大一轮还多哩。谁说"一轮"非要在形容一个人比另一个人大的时候才能用?一个马桶比另一个马桶大时,也可用"一轮""两轮"来说嘛。又比如,"天大"公司到目前为止的学历——我指平均——才比小学高那么一点点。谁说这是典型的?这完全是非典型的呢!你要说是在一个建筑工地上,工人平均的学历比小学高那么一点点,算是比较正常和比较典型的,可到了"天大"公司所在的 CBD——"国贸"一带呢,那可就绝对是非典型的啦!"国贸"是干什么的?是干国际贸易的!啥人才能干国际贸易?要"非典型"性的人才! CBD 是怎么缩写的来着？"C"就是"central"——"中央"的意思，"B"就是"牛B"那个"B"，"D"就是"地方"中"地"的简称。CBD，总而言之，就是"中央最牛B的地方"，就是咱北京人才最扎堆、拿高等文凭的人最好集中的地方。在咱CBD的圈子里，连打扫茅厕的人都要求是bilingual——"双语"，人家都会用English说："俺是打扫toilet的！"那还不一下子将俺们羞死在地上！当然，在咱CBD——"中央最牛B的地方"，所谓的"双语"，并不是说一定要求会中文和英文，会天津话和太行山方言，也算得是bilingual，也能被录取到CBD里面工作。

  咱刚才所提到的，只是随便的几个关于咱"天大"公司非典型性的例子——在产品结构和人才构成的两个方面。要说我们公司其他方面的非典型性，那可就太多太多了。就比如说在北京满大街流窜着SARS——非典型性肺炎病毒的非正常的日子里，人家别的公司的CEO们都还在指挥着公司里的职工用口罩捂着嘴巴和鼻子，一边抗击"非典"病毒，一边坚持挣钱和数钱，而本人这个CEO呢，却在发布了12道"金牌"，让所有"天大"的员工都在家藏着不准出门之后，躲进这18层的小楼——"人济山庄"里奋笔疾书，以此种"非典型"的方式，用笔来总结"天大"公司中的那些典型的、常用的管理方法和经验。单这一条，咱"天大"公司就挺"非典"的，咱这个"天大"的CEO就挺不正常的吧！

当CEO还不如当车把式

说实在的，一个公司的CEO，真就如同一个车把式。所谓车把式，就是那个牵头的、赶车的、驾驭牲口的。而一个公司，就如同一驾车、一群鸟以及一匹牲口。

说公司如同牲口，还真有那么点意思。牲口，例如驴，有岁数吧，公司也有年龄。不同的是，公司的年龄往往还真不如一头驴的年龄长。一般的驴或马还能活上十年八年的，而一个公司呢，就很难活过它们的岁数了。中国的经济学家有一个统计，说中国公司的平均寿命也就三五年，能开到十年八年不倒闭不关门的公司也就那么5%。也就是说，当一头驴还在壮年的时候，中国的不少公司已经开到棺材里面去了。你说吧，当一个中国公司里的CEO，比那些赶大车的把式们强到哪里？

你倒说啊！

现金流如"人流"

"人流"的英文名字叫"abortion"。字典上关于"abortion"的解释，一是"早产"，二是"失败"。其实一个小企业的"现金流"——"cash-flow"——与将人肚子中的胚胎打掉本无必然或偶然的联系，只是"现金流"和"人流"一起念起来顺嘴，我也就一起念起来了。不过，如果使劲将"cash-flow"和"人流"拎到一块儿议一议的话，也勉强可以相提并论，因为毕竟"flow"也是"流"的意思嘛。只不过前一个"流"的是现金，是现钞，后一个"流"的，是未长成婴儿的胎体罢了。

现金流和人流的共同之处，还在于无论是 cash 的 flow，还是 baby 的 flow，都是致命的，一个是对于企业来说，一个是对于母体来说。一个公司的 cash 如果断流了，那么它也就如同木乃伊一般了，而一个母亲将肚子里的孩子 flow 掉了呢，不也就如同死过一次了？

流动的现金，现金的流动，对一个如同母体的"公司"来说，就如同血液，就如同血浆，就如同活着的婴儿生命的洪流，如果它再也不流了，一个如同母体的公司，也就不再有生命了，也就死了，也就该入土了。

今天的中国，是一个大中小公司多得如SARS病原体般不好防控的中国。今天的中国公司的现金也在一天天断流。所以那么多中小公司也如同SARS一般，尽管只是随便防一防、治一治，也就死了，也就关门了，也就断流了，也就不再有现金了。

所以能活过五年以上的公司只不过5%；所以cash不再流动之后，一个个如SARS般到处肆虐的中小公司，也就被弃掉，被"人流"掉，被宣布胎死腹中，或被它们的父母——CEO们——自己做掉了。

国人的人流率，在文明国家里是最高的；国产公司的死亡率恐怕在文明和半文明的国家中也是最高的吧！

真想为那些被CEO"做掉"了的公司孩儿们去烧它一炷香！

董事长的屁股后面没椅子啦

以前公司的领导们，并不叫CEO，而是叫董事长（chairman）。我也不知道自打何时何地因何原因起本人也被叫起了CEO，而且不知道为何、缘何、因何，自己也自认为本人就应该是什么CEO了。

"天大"公司统统才十几口子人嘛！

但后来，想来想去，分析来分析去，我才认识到，如今这个世界上，但凡你当了个体经济实体的老板，除了你管自己叫这个CEO——"首席执行官"以外，还真就没什么比它更合适和贴切的名号呢！

首先吧，不能管你叫"同志"，因为你根本就不是"同志"嘛！你是个小资本家。

其次吧，也不能管你叫"总经理"，因为你并不是个经理嘛！经理是被别人聘请的，谁请你来着？你本是自愿的嘛！

那么，叫你一声"董事长"，倒还真有那么几分的相像。"董事长"又叫作"主席"，叫作"chairman"。20世纪八九十年代，你要说公司里谁的头衔最大，一般人都会将一根指头指向"chairman"，但一到了90年代末和21世纪初，"董事长"

们，突然一下就好像全去世了，都被CEO们枪毙后取而代之了！香港那边倒是还有"董事长"的称呼，不过，对一个公司的头儿，他们更习惯叫"董事局主席"。

你瞧香港，人家毕竟牛气，连董事，都一"局"一"局"地出生。

而大陆这边，前仆后继地脚踏"董事长"们的遗体，继承"董事长"们的遗志站立起来的就都是CEO！

你来朝四周看吧，有开杂货铺子的CEO；有自己雇自己替人修脚按摩的CEO；有带头要饭的CEO；有在地下通道带头卖唱的CEO。总之，只要是做起小营生，赚起小钱的人——都一水的是CEO了。

自然啦，还有俺"齐天大"——这个领着十几个弟兄们——倒卖"集便器"的CEO。您别说，眼下有十几个兵的CEO，还算是特大号的CEO呢！

那么，chairman——董事长们，是因何光荣牺牲，因何被CEO们顶替的呢？

我觉得，可能是与那个Chair——"椅子"有关。"主席"——chairman——是干啥的？不就是坐在椅子上的"人"吗？而今这世界的发展速度太快啦，已经没有时间，也容不得那些"人"稳稳当当、四平八稳地坐着议事啦！于是，伙计们便把老板屁股底下的chair收了回去，就让他们站着，而不是坐着——CEO啦！

"天大"公司有比较竞争优势吗

在当今的经济界,总爱瞎提什么comparative-advantage——"比较竞争优势"。这又是一个舶来的西洋词。这不,人人在提比较竞争优势,似乎没有这个"比较什么优势"的话,那就一切都完了。公司完了、国家完了、地球完了,地球的妈也完了似的。

"比较竞争优势"——说起来,还是要有的——对一个公司来说。如果你的公司比起别的公司来,不要说绝对的,连"比较"一点的优势都没有的话,那谁没事踏你的门槛来啊?远的不说,就拿由本人统帅的"天大"公司和由王五当家的"地大"公司来说吧!咱们"天大"公司的"比较竞争优势",明眼人一瞧,就能瞧得出来,比如说,第一,从性别上来说,我是男的;她王五——"地大"的CEO,是个女的。(你别以为"王五"就一定是男的,如今性别已经颠倒过来了!)这样,从CEO的素质上看,"天大"就有绝对天然的优势。并非说王五在其他行业,如美容美发、女主持人、女模特儿等方面没有优势,而是就目前来说——目前"天大"

和"地大"都是批发集便器的——我比她——"比较的"强上一点。第二,从员工素质上看,"天大"也远不低于"地大"。不信你看,"天大"的员工一般都是中学没毕业,有的还是小学学历——总之文化水平不高;而"地大"呢,一水的博士、硕士,连王五本人都曾在博士流动站中——好像还不止一个——流动过多次呢。总之学历非常之高。但这正是"天大"员工在知识素质方面极为突出的"比较竞争优势"——谁让咱们两家都是批发集便器的来着!集便器是什么?是马桶,是有重量和体积的家伙!尤其是美国产的 Big Mac——"巨无霸"牌马桶!远的不说,就拿卸车来说吧,"天大"的员工,包括我 CEO 在内,一见装着"巨无霸"的集装箱卡车过来,全都会立马亢奋起来并猛冲上去将"巨无霸"扛下,有的——比如说老富——还总能一人扛起三个以上的"巨无霸";而"地大"呢,一见"巨无霸"到货,就是博士后推博士、博士推硕士、硕士推学士、学士推大专生,然后是在校生和"三好"学生对着推——总之是没人敢上。

　　你说,我们"天大"公司比它"地大"——有无"比较的"——竞争优势?

　　当然有!连我齐天大——一个洋硕士——还能扛上半个"巨无霸"呢!

　　——尽管我是先把它摔成八瓣,然后再扛的。

抓钱如瓮中捉鳖

一

生意做好做坏,做高做低,做浅做深,做活做死——是有那么点意境和境界之分的。就比如下棋还分低、中、高之差,还有棋王和臭棋篓子之别。

做生意如做棋局,又如布阵,你的阵布好了、布巧了,局做高明了,那赢棋的结果,必然会后来居上。商局做漂亮了别管那局是大是小,是高雅是低俗,钱——那个小王八蛋,就会如老鳖一样老老实实入瓮。

不信你试试。

凡是经商都是在做局,都是在造瓮,都是想挣钱,想捉"王八"。不同的是,有的商家做局做得漂亮,有的做得难看;有的做得艰苦,有的做得随意;有的做得无情无义,有的做得伤天害理;有的做得天衣无缝,有的做得漏洞百出。但无论如何,凡是公司,凡是以营利赚钱为目的存在着的团体,便无一例外好歹是一个"局",是一个"眼",是一口缸,是一个瓮——一个用来捉王八老鳖和王八老鳖的龟孙子——钱——的陷阱。

要不做公司，为什么？

公司又不是吃素的，是专门喝鳖血和挣钱的。

你真无知和糊涂！

二

同样是捉鳖，我更喜欢做成一个老鳖和王八自愿走进去的局——别看你的瓮中什么都没有，别看那是个空局。

我指的当然也绝不是那种卖空买空的空手道——那谁都会，我指的是：当你将王八，即钱的一切出路都堵死之后，那王八虽不情愿，虽哭天抹泪，虽要死要活，虽浑身不自在，虽已对天发了毒誓死活不理你，却最后不得不一步步走进你的瓮、靠近你的坑、来到你的床前，最后一跟头掉进你的井——银行账户。

你——眼瞅着本书的大大小小的CEO们，也这样捉过鳖和逮过王八吗？也曾有过这种感觉，也领悟过这种风情和意境吗？

如果没有，你可就不是一个好CEO喽。我不管你多富有，我不管你的公司有多大，你即便大了也不懂得做好"局"，打大缸，选大瓮，那说明你也不会将公司做得更漂亮、更纯粹。虽小却会做大套子,那才是你的智勇,你才是个合格的好CEO哩。

这个世界在我看来,就是个布满大小"局"和摆满大小捉王八瓮的世界,大公司做大瓮,小公司选小缸。哪个瓮和缸里剩的王八——银子——多了,哪个就是成功的,就是受世人尊敬的公司。这其中有软的缸——如"微软",有硬的缸——如"宝钢",还有看不见踪影的缸——如"网通",更有让人胡思乱想的缸——如"联想"。

说到这里你就该知道那些个大CEO——如比尔·盖茨是干什么的了——他不就是全球最大的做大瓮的司令吗?

在真假虚实中管理

一

管理一个非典型性企业的真谛,在于在真假虚实中管理,或者说,管一个非典型性企业,就是在管理着虚、实、真、假,操纵着实、真、假、虚,玩弄并玩味着假、虚、实、真……听起来怎么跟打麻将、下棋和搞阴谋诡计似的?

你还别说,搞公司还真有点或者有那么多点像是在打麻将、下棋以及玩弄阴谋和诡计。注意!俺这是说着大实话,如果你不想听大实话而只想听那些大假话的话,那你就别再接着读这本书了,那你就去买本 MBA 教程学学得啦!

我又没求你!

你真烦!

二

管理的精灵是战略、是布局、是下套子、是排行列阵、是设陷阱，井里要陷下去的是如王八一样的money！

什么是战略？战略洋人叫"strategy"。"strategy"用声音转换成中文，就是"拳打脚踢"。这当然是玩笑，但真正的战略，还真离不开拳打脚踢的功夫，要不就成了纸上谈兵的空话和空城啦！噢，空城也是一种战略，只是不能常用罢了……不！空城并不是战略，战略是要经过老谋深算的、长久预谋的，而那个孔明他绝不可能在司马懿的大军追到城下的前几个月或前几年就"谋划着"——将自己的老身外加几个琴童放在城上守城。那他还不是早就计划着疯了或者呆了？

好的战果只能出于精良的布局，好的布局压根只能出于从长的计划，出于布局者的深思熟虑，出于超人的眼光和预见，出于博弈的有条理性的脑袋瓜子。

这里不是我大胆非议女性的智能，而今的女性虽已神不可当，但女性好像或似乎压根就没有战略式的眼光，不仅现在没有，从古至今就没出现过一个——哪怕是一个——female的女战略家。可能是由于female（女）比male（男）就是多了那么一个"fe"——读"非"的音，如果男性都成了战略家，那么"非男"的Female便自然就无缘这个称号啦！

当然并不是说只要是男的就一定懂得什么叫战略，当年那个被司马懿大军逼得不得不靠弹琴作态的诸葛孔明，就不是一个特别出色的战略家，至少在那个时辰他就是个"战略性"的败家。尽管还不能说他是个败家之子。

孔明不是战略家,因为孔明心太细了,细得已经接近女性,女性只能做战略的执行者,而不能干布局和统揽全局之事。至少她们不可能学会在几年或几十年之后布前几年或几十年之后的局,倘若女人也学会了这些心术,那么我们男性的日子可怎么好过?

因此干战略的事——还特属咱男儿!

战略的成功＝"噢，原来是这么回事"

一

假设在任何一个公司中，那个 CEO 的智商最高！

假设那个 CEO 知道何为战略，何为布局，何为下套子！

假设那个 CEO 并不是如诸葛孔明一般的近视的话……

那么，他就应该制定他的那个"非典"公司的战略。并在制定好后在心里说："是这样的。"

在这个阶段，他可能根本就不将那个战略的主旨和企图传达给下人。或者即便他将那个战略的主旨——是这么、这么、这么回事——使劲告诉他手下的总经理、经理、一般员工和下层员工（如"天大"中的老富），他手下的总经理、经理，尤其是老富，起初，都会异口同声地说："他是个傻子！"

这叫战略的"不可理解性"。

二

战略的绝妙之处在于:

一个月后,那个总经理终于明白"天大"战略的好处和作用,并且从连战连胜中悟出来了:"噢!原来是这么回事!"

于是总经理对齐天大——我这个 CEO 特别佩服,并发誓近期内再也不跳槽和闹独立了。

半年之后,部门经理们——"天大"有七个部门经理,都从钱蹲入井中的事实中明白:"噢,原来是这么回事!我们的 CEO 真伟大!"

因为是一般职员,她们——那些个女职员,大概会在一两年后发出一模一样的感慨,并暗誓终身不再嫁给其他公司了。

最后,才会轮到老富一类的底层同志。老富也许会在十年之后退休时,才突然认识到"天大"的战略玄机,但可能十年之后还说在天大我"是傻子"!

这叫战略的"不好理解性"。

三

刚才所说的好的 CEO 和明白如何玩弄战略的、如本人一样的 CEO 们。

可是，遗憾的是，这世间明白什么是战略的 CEO 还有几个？他们一般都不懂何为战略，何为下套和布局，其结果是 99% 的公司十年之后会出局倒闭，其结果是"八国联军"企业卷土重来，其结果是祖国的大好江山和市场又变成被切烂的西瓜。

何为没战略的 CEO？什么叫没心没肺没远见的经营？

那就是孔明的空城计！那就是他一边小手弹琴一边后脊梁虚汗淋漓，口中还念念有词："我的司马爷啊！您老快撤军吧！我这琴可是刚请教人家学的啊！"

从程序上看呢，一概由不懂战略的孔明类 CEO 经营的公司的战略决策过程是这样的：它正好跟"天大"公司的过程颠倒！

（1）那个 CEO 十年之后好容易弄明白了由老富为公司制定的战略。

（2）老富倒是先于 CEO、总经理、部门经理，把公司的所有一切，甚至也包括未来，给弄明白过来了，他大喝道："照老子说的干！没错！"

（3）CEO、总经理、部门经理们就跟着老富大干起来。一直干到老富成了 CEO，一直干到公司倒闭关门，一直干到关门后大家一起如野狼样地大叫："噢，原来是这么回事！"

当老板如当驯兽员

一

有时我觉得——可能这么想相当不对,那就是当一个非典型性小公司的小小的老板,还真不如在动物园里当个驯兽员。

但有时呢,还真蛮像哩!

二

就比如当那个驯养老虎的人吧,你说他(或她)像不像一个CEO?

再有就是调教狗熊的。

咱不是说非典型性公司的小职员们个个如老虎和狗熊般生猛,咱是说他们有时竟然还不如老虎和狗熊们听话呢!

人,本来就比猛兽更优秀和出众嘛!

本人在当"天大"CEO之前,在领导和老板的眼中,我其实原本也是一只老虎——本人就是属虎的！也会咬人，更会吃人，更不服人管，会反咬老板和 CEO 们一口，尤其是咬那些特想管我的 CEO 们！

而今咱也当上小小的、不是典型的 CEO 了，就将角色给倒了过来——我成了管理者了。我管谁谁不服，他们不仅不按规定敬礼，不仅达不到观众——"天大公司"的顾客们的审美要求，反而还咬他们，反而还吓唬他们，反而——当然——也恐吓和威胁我的生命。

人啊人，真如洪水以及猛兽一般的不听话啊。

你说啊！如果人类那么好管的话，那么那些个大如"微软"和"微硬"的公司为什么还花那么大的代价，事先培训出那么多 HR（human resource）——人事部经理——管人干吗？那还管不住呢！

那还被咬呢！

那还被伤呢！

那还达不到 CEO 对人才的要求呢！

当小公司的老板和 CEO 也就是自己当 HR，自己当养老虎的，自己当被狮子咬的，自己被老虎骑着，被小蛇盘着，被小人类玩着。

啊，快跑吧，大老虎它们可要来啦！

《老子兵法》VS《孙子兵法》

一

谁说世间只有一部《孙子兵法》来着？不是明明还有《老子兵法》吗？我就是用《老子兵法》而不是《孙子兵法》来治理"天大"公司的，因此"天大"公司老是赔钱。

"原来是因为这个！"——一个老友眼见着我的"天大"公司生意越红火，但身为公司CEO的我却一天瘦似一天，终于有一天明白过来。

"都是《老子兵法》惹的祸！"他十分抱不平地说。

二

《老子兵法》与《孙子兵法》的几个主要不同之处归结如下。

第一，运用《孙子兵法》的公司越经营越富——这刚才已经说过了，而运用《老子兵法》的公司，如本公司，却越来越穷——这好像也已经介绍过了。

　　第二，在良好运用《孙子兵法》的公司里工作的伙计，会一天天随着公司业务的发展——明白或聪明起来；而在使用《老子兵法》特别得当的公司中工作越久的伙计们——会一天天地变傻，比如"天大"中的老洪，他已经在"天大"中尽职工作五年，却远没有我第一次碰见他时机敏——当然可能是由于他比五年前老朽了。又比如老富，我在前头已经提过几次了——他就一天比一天更矫情——反正明白人都这么说。

　　第三，《老子兵法》讲究的是稀里糊涂，而《孙子兵法》追求的是明明白白！《孙子兵法》在于精明！《老子兵法》旨在玄妙——关于这点，咱以后再细说。用《孙子兵法》的目的在于挣钱，而使《老子兵法》的唯一成果就是赔钱。你读到这里肯定会说我在哄你，但你不信亲口去问问老洪以及老富嘛！

　　第四，"老子"和"孙子"的最后一点区别，也是最重要的，就是在"孙子"的公司中，伙计们是孙子，老板是老子；而在"老子"公司中呢，老子——才是那个孙子！

还有《庄子兵法》

一

以下该说的,就是《庄子兵法》了。

说到《庄子兵法》,马上就会有人质疑。说庄子是何人?是四处游荡之人,是放浪不羁之士,是闲人,是软家伙。软家伙何曾会动兵器、会玩兵法?

对此,我只能说:非也非也。

因为本人也会用兵,因为本人也会布阵,因为本人也会擒敌(抓钱),因为本人也会失误(满盘皆输),但是,本人却自以为不是孙子,而是庄子,或者说是"庄孙子"。

你听出这弦外之音了?你还成。

二

"逍遥游"的便是庄子,生意场上的至人也应是逍遥游之士。这是指战术的逍遥、战略的随意、胜负的逍遥、结果的无为。你何时会逍逍遥遥地在生意和名利场上进进出出了,你也就在钱的世界中入门入道了,或者干出点意思来了。现金的流动如流水,如小溪和大川,你一定要会虚幻于其中,你一定该不实于其间。你只有懂得何为虚实,才会运用虚实相间之道。

战略是何物?是兵法?是哲学?你都可以那么说,但你必须晓得战略是逍遥的,是离谱的,是随心所欲和顺手拈来的,是创意,是臆想,是传神之笔,总之是"虚"的而不是"实"的,因为只有"虚"的东西才能因人而异,才能变化万千、出神入化,才会显现出玩弄战略的人的与众不同和高手的境界。

这就是"钱场"上的"庄学",是现代之神学。是悟、是觉、是道、是场——也是天人之离奇的偶合。

你——开始逍遥了吗?

三"子"之变

一

读到此处,你已经略知兵法了,因为你已知道了先有"老子",再有"孙子","孙子"之后还有个"庄子"。三个"子"加在一起,便汇集了东方经营战略的精髓,便可解释21世纪该是亚太的世纪,该是"天大"公司的世纪,该是"巨无霸"牌集便器的世纪,同时,也该是"天大"公司的核心成员——我是指老洪和老富的世纪了。

只因咱会运用祖上传来的"三法",并使之活灵活现;只因咱会"老、庄、孙"地活着,并经营着。

二

作为非典型公司的典型代表,"天大"是可随心所欲地将"三法"任意组合的高手。比如,我们可先"庄(装)、老子";又比如,随后我们再"庄(装)、孙子"。之后,咱更可以"孙子、庄、老子"以及"庄孙子以及老子""庄老子的孙子"——如此这般。

在这个世界上，别说是咱这十几个人的小小"天大"，别说咱这类非典型的、典型的公司，大的公司又如何呢？谁还不跟咱一样会玩弄"老子、庄、孙子""孙子当老子"，或者在"孙子面前装老子"、在"老子面前装孙子"这些个把戏呢！

再说啦，能当个老子的孙子还算没亏了你呢！没让你当个外孙子、重孙子或重重外孙子——就算对得住你啦！

反了你不成！孙子！

七大姑八大姨——"非典型"公司的组织结构

一

成立一个"非典型"的私家小企,没有七大姑八大姨的参与是远远不现实的。

是理想主义和乌托邦式的。

谁敢不要七大姑八大姨,我就带头跟他拼!

二

不过,我马上就要补充说明的是:在俺们"天大"公司中,既没有我七姑,更没有我的八姨,祖父祖母和外祖父外祖母们那时已经比较自觉,没制造出那么多的血亲;更明确地说:"天大"公司是个六亲不认的公司。但即便如此,七姑八姨现象也是阻碍"天大"公司向"典型"公司——大型企业进步的一个瓶颈和一股反动势力:因为所谓"七姑八姨",在"天大"演变成了裙带关系,即便那不必就是血亲。

诗中曾说过：哪个地方没有明月？明月又怎么会不照人呢？这些话放在今天并借用于一个小小的私企，就成了"哪个公司里没有我姨？哪个姨她听我的话"？

因此，小公司中的裙带关系是非常普遍的，尤其是在咱们中国。

我曾在日本的公司中就职。在日本公司中，公私分明，进公司就如同进兵营，就必须剪断裙带，或者干脆脱掉裙子只穿裤子就职。

比如，两个日本男女职员先恋爱了；又比如，他们之后又结婚了。开始时，公司（会社）并不管，他们该怎么恋就怎么恋，想怎么谈就怎么谈。但只要一结婚，公司就非让那个女的辞职不可！为啥？为了防止在公司中产生裙带，更为了防止他们将后代生在"会社"里。

你看，人那才叫严格呢。那种做法在日本是典型的，可到咱这里，就变成非典型的了。咱这里别说两个员工可以在公司中谈恋爱，还可以在领导的眼皮子底下亲热呢。

还有，假如两个已经结了婚的人之中的一个必须离开咱这里的公司的话，那我敢肯定，离开的绝对不会是那个女的！

现实啊，现实！

"他"——原来是你二姨

一

商场如战场。
战场初点兵。
点上来的兵……
都是你七姑八姨。

二

别管典型公司或非典型公司，凡是公司，就是一个用于作战的部队；只要是部队，就要完成任务、勇猛无敌、英勇杀敌，并最终夺取胜利——把钱挣到！
要不开公司干吗！
干吗？
总之，非典型公司也需要是一支来之能战、战无不胜的部队——即使它的 10 个成员中七姑八姨（指与老板有裙带关系的人）占据了绝大多数。

三

指挥这样一支非典型部队在商场上厮杀是十分富于戏剧性的。

假如你干上我这个指挥员的角色，你就知道这其中的玩笑性了。

作为一个指挥员，你必须特别严肃和认真，因为你不能失败，失败了公司就完了、就倒闭了。所以你没有退路。你必须把该知道的都知道，把该学会的都学会，把那些从书本和实践中学来的东西，比如说"战略"啊、"核心竞争力"啊、"团队精神"啊、16个希格玛啊……都熟记于心并倒背如流，然后，你就拎起马鞭，戴好风镜，手指着前方敌人的阵地（指与你们竞争的敌方公司），高声呐喊："弟兄们，'天大'的骨干们，让你们苦等了一辈子的立功时刻，终于到来啦！快冲啊！"

四

当你的这类命令和口号响起了数次之后，你发现，敌人的阵地还固若金汤；回头一看，你的战士们还按兵未动。这时你急啦！你怎能眼见着敌方阵地上堆放的那大批大批的军用物资——钱——没人去替你扛！

于是，你就一把掏出了毛瑟枪！

你上了底火！

你想杀人了。

你要消灭一两个带头不冲锋的逃兵！

你冲到一个蹲在战壕中聊天的士兵面前，先给了他一巴掌，说："再不往上冲，老子就枪毙了你！"

但是，只听"叭"的一声，你自己的左脸却响了，却发烧了！

你发现那个他——原来是"她"，是个女的，是你的二姨！

因此，你就冲向了下一个按兵不动的"勇士"，你又掏出了顶上了膛的毛瑟枪，骂道："老子今天非……"可是……又一声"叭"响了起来，你的右脸又已通红并且滚烫。

就这样，你一一地骂着，你一一地非要枪毙，直到你再也不敢骂了，你再也不喊着要枪毙什么人了。因为你下一个要枪毙的——按排除法计算的话——就应该是你的"亲爸爸"啦！

总喜欢游击的中国人——"非典型"公司的核心力量

一

关于中国人的公司为何做不大的理论性著作和写那些书的理论家们，正像中国人的公司做不大的缘由一样，总是各树一帜，各唱一曲，各说对方是胡言；而那些理论家唯有一点是正确的，就是都没说到点子上，因为他们从没像俺一样，实干到非典型公司的 CEO 嘛！

有些理论说，中国的小公司做不大是因为经济环境不佳，或是因为中国的小老板们的素质不高，那简直是胡说！哪国经济环境是一上来就成熟的？人家福特开办汽车公司的时候，美国的黑人还不许上白人的茅房呢。谁说中国小老板们的素质低了？你敢骂我！人家英国的百年老店"怡和洋行"还是一群强盗起家的呢，强盗的素质就比我高？

所以说这些理论家，都是在用二胡谈情（弹琴）说爱——都是在"胡"说八道！

在我看来，中国人的公司之所以从格局上一直没能成事，是因为咱中国人特有的民族性决定的。咱们的民族性中有异于其他民族之处。好的自然不必多说，比如勤劳勇敢、爱憎分明、见义勇为……但缺点也是有的，别的不说，只散漫喜好游击这一点就极为突出。比如，拿咱跟日、德民族相比，咱就不如人家讲纪律。与中国人的散漫和喜爱游击的习惯极为相近的是像西班牙、意大利、法国一类的"拉丁"人。那些人只比中国人更随意、更散漫，但人家比咱要多出一个"浪"——"浪漫"来。国人与他们相比，是只"散"而不"浪"。中国人也有浪漫的，但中国人的浪漫在绝大多数情况下，不是男女一见面就冲上去狂吻，而是喜欢"浪迹天涯"的那种"浪漫"。

或曰"浪子心态"。

各位看官，当你看到这儿时，无论你是男是女，是老是幼，我想倘若你还有局部的良知和同情之心的话，你就该开始同情我啦——我这个小得如蛆般大的公司 CEO——管的不是别人，正是一群有着"浪迹天涯"样性情的——游击队战士啊！

二

而今在国人的性情之中，颇多武侠小说中那些浪子的味道。这也许是给金庸的小说害的。至少,在中国人的心态之中,总有"卧虎藏龙"的成分。用明了的话说,国人的心,除了散漫之外,还有些狂野。所以说,由这种非典型时代的非典型环境下受着非典型文化熏陶的非典型的团队是不好带领的,是不听指挥的,是浮游和浮躁的,是随机和随意的,是难以长大的。

生意是人做的,人的结构稳定了,生意的结构才能稳定。人都是"浪迹天涯"、令狐冲似的,由这类基本成员组成的组织也无外乎就成了令狐冲和"卧虎藏龙"一样的了。因而,中国人做成的生意形态,也就如同卧虎藏龙或是神雕侠侣的模样。

总之,难以成正规军。

总之,总处于游击状态。

总之,一遇上正牌部队,如"微软"或"可口可乐",咱的小部队就不得不进山打游击。即使是在咱自己的地盘上面,在与洋人的商战中,现在咱们还卧虎藏龙般地作战,还打地道战、地雷战或是搞麻雀战。

原因是什么?只因咱们的队伍太散漫,都不想当正规军,都不习惯那种正规的日子——那不符合咱们的民族性和禀性——咱当侠当惯了嘛,当得顺心、当得自由自在了嘛!

一个大的组织的搭建,就如同搭多米诺骨牌似的,要耐心地搭,要一块块地搭,要有板有眼地搭。这是从搭牌的人和组建团队的人的方面来说；而被搭的人和牌呢，则要求他们或它们要服从搭牌人的安排和调动，那样才能成为一个大牌，才能造出一个大"局"。

而咱中国人，是天性不愿做那些被别人摆弄的牌，天生只想当那个摆弄牌的人物——老板，咱不幸当上了牌——那是因为咱还没机会当那个摆牌的人，所以当这种抱有令狐冲心态的大侠，迫不得已地让人拿着去当一张多米诺骨牌的时候，就浑身都不自在。那就如同在打着摆子，那就如同哪儿都不舒服和痒痒。你别说让咱站在前后都是直不愣登、前胸贴着后背的多米诺行列中不动，就是在让人抬着八抬大轿将爷奶伺候在轿子里面，咱也得躺着，咱也不能站着，咱还想溜达溜达打打太极拳、猴拳呢，凭什么他（指摆牌的人和老板）提溜着咱爷奶的脖子,随心摆布咱？他不也是咱国人吗？他又不是外星人和洋人……

想到这里，说时迟，那时快，这个大侠便在前后已经摆了成百上千的，虽也有心事却也想出去遛遛但还没胆量没机会的多米诺队伍中，一个鲤鱼打挺和鹞子翻身，冲蹿跳蹦出来！

他不干了！

他想浪迹天涯了！

他想当神雕侠侣了！

他想炒老板、炒公司、炒命运、炒时代、炒时间、炒岁月、炒天下不平、炒他自己了！

于是，他自由了；

于是，他还原了国人的心态和民族性；

于是，他回归了国人的性情和性格中的本然。

但他，却在鹞子翻身和跳跃出多米诺——已经搭建数年数月数日，已经花费了那么多人的心血心计心思的长阵时，撞翻了他前面的那张牌及他后面的一张牌。

于是，这个多米诺的"局"，就算完了；

于是，这个精心搭建的经营组织，就解体了；

于是，它（指这个经营的团队和组织）就在搭建的"中途岛"上土崩瓦解了。

它再也长不大了；

它半途而废了；

它就这样寿终正寝了。

过了不久，又有一个雄心勃勃的人去建立同样一副牌，因为他以为那张使上一副牌半途而废的怪牌，那张不听话的、不合作的、散漫的牌已不复存在，他以为剩下的都是忠心的，都是尽心尽责、忠于职守的，都是不会见异思迁的牌了。

于是他又像上一个CEO——布局的人一样精心地、耐心地、恒心地摆了下去。

直到……

他知道他又错了；

直到……

他的牌阵在某时某日某月某年又如前一个阵那样,轰的一声倒了下去。

直到他发现,又有一个飞侠从牌阵中冲杀出来,并碰倒了他/她前面的牌和他/她后面的牌……

直到他又认输了。

他认输后,又有人接替他摆,那人又重复了他们的故事……

就这样年复一年、日复一日,多少中国人一代代在做将牌做大、将局做完美、将企业做成别国那么大、那么严谨、那么稳固的梦了。

然而,他们一个个地失败了,他们败在了不可预知的某一张骨牌的先卧虎藏龙后又神雕侠侣的突发事变和突然的离队,于是呢……

再往后,想摆大局、想做大牌局、想做成大企业的人……就再也没有恒心和那种意念了——因为他们怀疑他们手中的所有的/全部的牌的可靠性。

他们最后放弃了,远离了那种做大、做强的意念和妄想,他们变得小心谨慎、疑神疑鬼了,他们变得不再敢与世界高手抗争或不再想做局了。他们渐渐地玩起了小牌局和小把戏!玩起了小牌、布起了小阵……这最终使得中国的小公司、中国的非典型公司多如牛毛,多如秋草。

通常,由中国人(也包括海外华人)做的公司,都做不太大——无论是在内地还是在港澳,无论是在何种经济环境之下,是贫下中农也罢,是初级阶段也罢,只要是由中国人做成的公司——便大多是典型的非典型公司,毋宁说小公司、非典型公司(按国际通用尺度衡量)是华人做企业时的典型,而那些真正做大了的华人公司,反而真正地对于华人来讲,属非典型公司了。

原因何在?

谁让咱都是神雕侠侣和卧着的虎、藏着的龙呢?

当侠不错,不过总是"孤侠";做龙也蛮好,却永远是"独龙"!

我们公司的伟大导师——老鳖

一

"你靠什么精神支撑'天大'公司?"有好事者问。

"靠老鳖精神!"

我手指向"天大"公司水池中静养着的两只乌龟。

请注意,老鳖,并不是王八。王八是王八,老鳖是老鳖。这里有必要特别做一下说明。因为有人每顿饭不吃王八蛋、不喝甲鱼汤就不觉得自己是已经成功了的人士。

他们有时贼馋。

二

你看那老鳖,它们是多么聪明。你瞧那老鳖,它们有多智慧。你有没有发现那老鳖,它们比你还强!

老鳖的智慧是多方面的,是不可言喻的,因为老鳖是精、是神。

老鳖很少行动——它们却有吃有喝——由于我会定时喂它。老鳖很少抱怨，却使你感觉总是对不住它。而你总是抱怨，却没人同情你。

老鳖的头可长可短，可伸可缩，可有可无，可软可硬。有人想搞掉它的头时，却发现它不在了；有人思念它的头时，它又伸出来了。老鳖的头总是在若有若无、若隐若现中小心地存在着。

与此同时，它有着一个又硬又大的壳子。它的壳子，可是世间最硬最顽固的东西，比人皮硬，比树皮结实。它长在一大块看不见的大肉之上。乌龟本已属长寿了，可它那壳子，更是万寿无疆，不信你看看那甲骨文！

老鳖最绝的一招，却是冬眠——它只醒着半年！虽然它在冬天睡去，不吃不喝六个月，却还能一觉醒来后要东西吃！

看人那良好的记性！

老鳖是打不烂、打不着，看着与世无争，想争时却贼狠——指它抢东西吃时——让人想不通捉摸不透的家伙。

而且，而且还比人长寿。

三

老鳖，才是"天大"式中小公司应该顶礼膜拜的——导师！

好的中小企业——就应该像那老鳖的头一样能伸能缩，能快能慢，能轻松能紧张，能吐能射，能自我保护，能见好就收，能逃逸就逃逸——往哪儿逃？往自己身后的硬壳中逃。

好的中小公司更要像老鳖长成时那样，要按能攻能守的战略需要长，要躲起来时不让别人看到五脏六腑，要在冬眠时仿佛已无回春之力，要在春天（指机会）到来时大口大口地吃进，要能装孙子，要会装死，要死得贼像，要死得其所。

之后，才能长久不灭；

之后，才能死而不僵；

之后，才能可持续发展；

之后，才能野火春风——吹又生！

打的就是十三不靠

一

这不是说玩麻将。

这是说"玩"公司!

二

我蓦然发现:今日的"天大"已处于最危险的十三不靠的境地了!

"十三不靠"是打麻将时最难和的一种和法,有较容易的"十三不靠",也有特难的"十三不靠"。容易的说和就和,难玩的那一种则无论如何也不和——"十三不靠"嘛!每张牌与每张牌都不能相靠,靠上了就和不了,唯一的和法就是靠自己去摸!

你说那难不难!

但"十三不靠"不和则已,和了就是一副大牌。比"一条龙""半条龙"或"混龙"都大！

三

而今的"天大"啊，玩的就是这个十三不靠的"局面"。

做生意靠什么？

靠运气？靠手气还是脚气？以及靠脾气？都不是主要的。该靠的有两个：一是靠官府，二是靠洋人。这话听起来新鲜？

假如你压根儿就没听到过这个道理的话，那才叫新鲜哪！

清末的盛宣怀早在一百年前就比你还明白这个理，他说："在中国开公司，创始不易，持久尤难，倘非官为维持，无以创始；若非商为经营，无以持久。"

这话说白了，就是要想开公司——在旧中国，就得贴近官府，就得半条腿迈进衙门里，另半条腿撇在衙门外——要骑在官府的门槛子上。要骑马蹲裆，要像在茅房子里——集便！（你别忘了"天大"是卖集便器——马桶的！）

总之，那时代这官家——你是不得不靠的！

可眼下，世风日清，"天大"公司连个科级干部都不认识！老富倒是有个邻居曾是某某科的科长，可那科长却被罢官了！

也是因为贪污！

四

那靠洋人呢？

洋人当然要靠！而今不靠洋人干成了事的企业也有，可那是洋人自己开的！

别说开公司啦，就连街上卖冰棍的也离不开洋人，要是不卖"和路雪"和"雀巢"牌冰棍——他靠什么赚钱？靠卖"蒙牛"？

总之，要靠上洋人的小肩膀。

五

"天大"虽靠不上官，但也是靠过洋人的，要不怎有"天大"这个公司？

在近五年的经营史上，"天大"曾经投靠过（以在G7中的排名为序）美国人、日本人、意大利人、加拿大人……G7之外"天大"曾投奔过的，还有韩国人、马来西亚人、利比亚人、阿富汗人及伊拉克人。

当然，还没包括朝鲜呢，那咱也投奔过！也有人——比如说六姐，劝我说要不要也投一投港台人。我断然否决：那还叫投洋吗？那是咱自家！

当然，更有人，比如说老洪，曾苦劝我与天津人办个合资企业，我听后差点将他炒掉。

六

但，那些投奔史，对于"天大"来说，终究是伤心的回忆——美国人甩下几个"巨无霸"集便器样品——就抬臀奔伊拉克了！他们一去，就将"天大"在伊拉克的合伙人给击毙了。

朝鲜的那个投资人刚想在合同上签字，就与我们韩国的股东在边境上搞肢体摩擦。

与意大利的合营倒是成功过一年，但意大利人不讲信义，他们竟用里拉冒充美金投资"天大"。原本 1 美元合 1000 多里拉，可老洪，"天大"的财务总监，竟然在意大利人的美声高音的诱惑下，将两个数字颠倒了过来，时到今日他还坚定地认为 1 里拉等于 1000 美元，还死不悔改当年将二者倒过来支付意大利人的历史性错误！

你说那欧元它不诞生还了得了！

"天大"也不答应！

七

洋人靠不住了,官府里的科长也下台了。这就是眼下的"天大"处境。

还有一种说法——有好心人劝我,而今靠不上官府和洋人的,不只是一个"天大",还有"地大"呢!再说了,官府嘛,就那么一个,洋人嘛,也就有那么几个G7嘛!就别说你们"天大"这几条破枪,连人家俄罗斯的普京,那么想投,还只混得个"+1"呢!有多少个国想往上加啊!那伊拉克要不是想来一个"+3",能那么先野心勃勃后破罐子破摔吗?

你要好好想想,你要深思。

你不如与天津——像老洪提议的那样——来个合资得了!

他说着说着,还真说出了点天津话味儿。

八

好心人的话使我更加苦恼,我知道不是官府没人投,不是洋人没人靠,而是想投、想靠的"非典型"企业们实在是太多、太多了。咱的官府和G7的那点有限的资源,全让如病毒一样多的"非典"们给用光了、用尽了,给稀释掉了。

意大利总共才生产几个里拉啊，哪禁得住那么多的中国老洪们去造！可怜的有限资源啊！

九

总之，今天的"天大"是前不着村，后不着店，"天大"是独立的、自由的、民主的——因为有我这个CEO在，虽然我偶尔喜欢独裁。

匈牙利曾有一首诗："生命诚可贵，爱情价更高，若为自由故，二者皆可抛。"而今的"天大"既没了公公，也没了婆婆，"天大"获得了前所未有的"自由"。但我却有了几分失落。所谓"自由"，就是"没人管了"。"没人管了"这四个字，却又能分解出两层意思来：一来就是没人管理你了；二来就是没人要你了，都不给你"出资"了。

第一层意思是那么的可爱，第二层意思是那么的可憎。这就跟你蹲监狱似的，当你在监狱里的时候，你特恨那个看守，你做梦都想让他将你放出那监狱，但真的有一天，等他真的把你带到监狱门口，在阳光下对着你和蔼地说："亲爱的，你可以自由地走了。"你那时可能特别懊悔，因为从今以后——谁给你按时做饭送饭呢？

我怎么那么像个黑老大

一

我本一介书生,为面包而开了一个"非典型"公司,谁知开着开着,自己就变成"老大"了。

在中国只要是开小公司的,我看都有那么点"老大"的味道。比如,在我看来,我们的会议厅有点像"威虎厅";又比如,我公司的几个"老总"也特像保安队的小队长;又比如,明明是在开着公司21世纪前途展望会议,在外人看来,却好似是在布置如何抢劫邻里。

原因何在?我一直苦思。

开始时,我还真的不解,后来我想通了。首先,是由于"天大"在出售"方便器皿",若是出售高级的灵魂,局面便会扭转。其次,是因为老富、老洪、六姐的基础素质不高,尤其是老富——他只能听懂脏话!那使我难以套用国际上通用的——正经。曾留洋数国的我原本也曾用欧美式的语言及逻辑与老富交流过,但老富听后震怒了——

他以为我在骂他。随后我就改了，改用粗话与他谈心，这下他才明白，说敢情你还会说几句纯正的中国话哩！

于是，我就开始进入通俗的境地了——我开口闭口会前会后满口粗话，直到全公司员工都狂喜为止。

之后的"天大"公司，在外人看来，就颇似"黑帮"了，由之我也转变成一个"老大"。

二

咱中国的"非典型"公司，你别管大小，外人看来都有点借鉴"帮派"色彩的管理模式，这与有着同样悠久历史的由意大利人、希腊人、犹太人开的公司颇为相似。意大利的中小公司个个家族化色彩极强，像是哥老会，又仿佛黑手党。

何谓哥老会式的管理？那就是个个称兄道弟，人人姐妹和气，外加前面所说的七大姑和八大姨。而 CEO 呢？他就是那个"老大"。

我在公司主持会议时一般十分民主，言语也比较通畅，只是不能叫我小名或提及我童年的履历。但需要时，我有时也使用些霸道，也挺有"老大"的威严，否则绝对挡不住他们直呼我乳名的冲动。因此，为了严肃军纪，有时我也使用一些"青帮"的管理模式，比如在会议期间将个别人拉出去——下班。

当"老大"特别需要一副冷面。一般的"非典型"公司的老总都有一副常用的或备用的冷面，以便呼之欲出。比如地产大老总任志强先生，传说就从来不会笑，天生有一副老总的威严"冷面"。

有人也反驳说任总的"铁面"并非总是"铁面"。他也是会笑的。不过，那也是要碰到时机。比如说，要等到"四海翻腾云水怒"，以及"五洲震荡风雷激"的关键时刻。

他"腾"的一下——从高楼上跳了下来

一

忽然发生一起令全球 CEO 们都唇亡齿寒的事件——韩国"现代"集团的 CEO 郑梦宪先生竟跳楼身亡。

这给北京城里的"天大"公司的员工们带来又喜又悲的震动!

"天大"员工们喜的是又有一个 CEO 从楼上跳下去了。他们显然是对本人还没跳楼私下表示了遗憾。他们悲的是"天大"公司正与"现代"谈的一桩代理生意可能要黄。"天大",在郑先生过世之前,始终与"现代"集团为某桩生意眉来眼去,眼瞅着就要大功告成了,郑先生却撒手不管地跳下去了。当然,与"天大"公司的那种小商品的小小代理的事情相比,令郑先生想不通的一定是更大的事。

近来,有的员工更加不怀善意——总死盯着我。他们好像在拿郑先生的先例对我暗示:"老大,你跳不跳?!"仿佛"天大"代理那么多种产品的任何一个公司的 CEO 跳了楼,我这个"天大"的 CEO 也不得不随着跳一下——他们才快慰似的。

这不禁使我意冷。

二

曾经那么辉煌的"现代",现在好像已经是"后现代"了。曾经那般显赫的郑家,也有人跳楼了。都是 CEO,十指注定连心,我不由得有些感伤和畏惧——你说那郑家当初如果不开公司,不当什么倒霉的 CEO,还至于从楼上跳下吗?历史证明,越是 CEO,就越有跳楼的倾向。更可惜的是,郑先生跳下去的那幢高楼,也是由他们郑家的"现代"集团造的。他如果事先就预知哪天要跳楼的话,就该把那座楼盖低点啊,或将 CEO 办公室设在别墅。

可怜天下 CEO 啊!

三

郑先生失败的另一个原因——据专家分析——是由于他和他的父亲过于将"理想与经营混淆",也就是总将自己在理想上的追求,掺杂到经营的方针路线上去。政府分内之事,本应由政府去关注的,"现代"何必去干那些费力不讨好的事呢！干成则罢，干不成就会将企业弄得负债累累，最终导致身败名裂。

这也似乎是在批判着"天大"的我。我也总爱迷失企业的经营方向，也爱冲动和理想化。远的就不要提了，就拿人的改造来说吧，一般的CEO只会使唤人而不会去改造人，我则偏偏想将总喜欢说脏话的老富用"天大"的力量改造过来。又比如，老洪本已是糊涂透顶了，我还在催他尽快拿出"天大"公司后五年的远景财政规划。六姐也是，总爱在情绪上一触即发，我却偏要用"天大"的力量使她往后"二触即发"或"三触即发"——总之我颇理想化地想改变这些人的习性。

现在"现代"出事了，在理想未竟之时；而今郑先生梦断黄泉了，带着两代人使民族合为一体的心愿。

四

郑先生的灵魂，你可以安息。理想还应是有的，南北还是要统一的，"天大"的"现代"生意也是要继续的。

怎么都嫁不出去的"天大"公司员工

一

按通俗的说法,这男一当婚,就该娶妻;这女一当嫁,就该走人,可在咱"天大"公司,上帝他老人家定下的这条行为准则,为啥偏偏就不灵了呢?

"天大"的七成该婚该嫁者——至今还都未婚未嫁。

二

有人见我整天为这事发愁,苦劝我说,我并非就是那些该婚不婚该嫁未嫁的男女员工的父母,所以也就听之任之、随行就市,睁一只眼闭一只眼地由他们去吧!但我说不行不行,因为这满朝文武如果全无配偶的话,首先就说明咱"天大"公司没有团队精神——连天下最易组成团队的"公母"咱都组合不到一块儿,那能说明这公司富有团队精神吗?你暂且不往远看,就说那公园里,搂抱得那么紧密的男男女女,不都是异性搭配，才蹦跳得那么精神十足？就连花样滑冰，也是一个男的撑着一个女的，如果在冰场上是两个男的跳双人舞，由一个男的将另一个比他更重的舞伴按转体720度准备抛向空中的话……

朋友说算了算了，你的意思我明白了，我来帮"天大"的几个员工找配偶就是了。

我的那位友人碰巧是婚介所的。

三

我万没想到"天大"的员工，要想嫁出去或娶进来都那么难。我的那位婚介所的友人先将"天大"七成未婚配的员工的基本情况搞定，并按"非典"时期"排查"的科学手段，使用了全球最先进的信息和网络技术，努力了一把之后告诉我，他们都没戏了。

我仍不信，因为这牵连到"天大"公司的荣誉和信誉，这年月有什么玩意儿比荣誉和信誉更重要？

于是我就给"天大"公司的总会计师下了一道死命令——尽管她说"天大"已经没有流动资金，命令她即便不给CEO报销公共汽车费和地铁票，也要充分满足"天大"尚未找到对象的绝大多数员工的、绝大部分的搞对象所需的费用，并叮嘱她要分清是非真假，既要慷慨解囊，又要掌握分寸，要将真搞对象的经费和那些搞不正之风的费用严格分辨出来。比如说，一旦确认为是不当的费用，就坚决不给报销，但洗脚是特例，"天大"有的优秀分子搞对象的唯一途径——就是到洗脚屋里去与女服务员们——谈心。

四

"天大"的这些好员工择偶的方针和措施，整整实施了五年。

五

五年之后，我又邂逅了那个当初搞婚介事业的朋友，他如今已不搞婚介了，原因是他在进行到一半时通过职业的便当，终于也找到一个妻子，那个妻子在他们的新婚之夜，就用水果刀逼他放弃那份职业。

那位朋友向我打听"天大"的"结婚战略"的实施情况时，我是这样回答他的：

（1）至今毫无战果；

（2）"天大"公司的荣誉和信誉受到了严重的伤害，对手们都在竞相传说"天大"的人有毛病；

（3）南方分公司的一位经理曾经差点成功过，他已将他所在的那幢27层高楼里的所有异性都请光（指吃饭），但却未能成功地说服她们其中的一位嫁给他。她们还都嫌"天大"公司太没实力，以及太穷。

朋友见我泪水都快急出来了，便好心相劝："不急、不急。"我说我能不急吗？虽然那些未婚的男女都比我大，但好歹我是他们的衣食父母，父母既要管吃、穿，也要管心理、管性。人是什么东西？"食色，性也"。"食"是指粮饷，是工资和奖金；那第二个"色"，就是指是否能搭配成双，结婚生孩子，就是"人力资源"中说的"团队精神"！作为"天大"的CEO，我怎有脸让人在长达五年的漫长时期内，说"天大"的员工没有与人结婚的魅力呢？

在我特别伤心时，朋友为了将不愉快的话题岔开，就问我"天大"的财务状况如何。我继续用着哭腔说连对象都没有，我还有什么心思管公司赚不赚钱呢。并当场发了毒誓：虽然公司用于给员工搞对象的费用已经出自后三年的公司营利，但本公司即使花光28世纪的利润，也要坚决打胜阴阳失调的这一仗！……

"我拼了！"

我大义凛然地甩头而去。

我就是那个"船长"

歌剧《卡门》和柴可夫斯基的第六交响曲《悲怆》，都是以万分沉痛的低调起始，使人听起来就想哭，而且在其后的每一幕和每个乐章中，别管是大喜还是大哗，别管是激进还是兴奋，这些情节背后，都有起始时那种哭腔的沉吟：那是在提醒和预示着悲怆以及失败。

最终的失败，是任何一类喜剧的潜台词，是真正的原色的基调。

人生无论多么繁荣和奢华，即使只有如水的平静，最终的结局也只有同样的一个——了结和失败。

成功的终结，就是失败，而天下就从没有过始终成功的成功。"始终成功"四个字本身就包含着"成功之始"和"成功之终"两层含意。

公司的始终，也是两层意思，那就是公司之"始"和公司之"终"。如果说公司的"始"意味着公司的成功阶段，那么公司的"终"，也就是公司的失败和消亡。

以上这些，我十分清楚。我不清楚的是，何时是"天大"的终，何时"天大"不再，何时归于平静和起始的初衷。公司是生命的承载物，它如生命一般脆弱，它像生命一样有呼有吸，有兴奋也有失意，有无奈也有无力，甚至有时想到过自杀，有时也想到过向全球扩张。总之，公司新形式就仿佛是个被母体生下并给予了生命力的新生儿，一来到世上，便时刻与生的惬意和死亡的困惑相伴。没有生命的事物是无味的，但有了生命的事物又是不会永远不死的。CEO既是催生它的产妇，又是呵护它的保姆。在一个公司之中，任何人都可选择另一个更强大的母体去寄居，任何人都可以一拍屁股走人，另寻高就，唯有那个倒霉的CEO不行，只因他是那个主席，是那个酋长，只因他是那个给予公司生命之人。

我常在印名片的时候，将我的头衔写成"船长"，写成"captain"。有人问我何意，我解释说如果将小小的"天大"当成一只在大洋中行驶的小船，那么我就是那个船长。船长虽然有派头，虽然头戴一顶高帽，但船长也是全船最冒险的角色，因为船长必须在全船人都离船之后才能离船。也就是说，如果船上有10个人，有9条生路的话，那么那个唯一没有活路的人不是别人，就是船长，是那个CEO，是那个所谓的"老板"！

不瞒你说，"天大"目前全体员工的总数，据不完全统计，包括本人，正好就是10个。上周还是11个来着，由于上回提及的那个南方公司经理在本周初终于找到了一个对象，"天大"这个周末就又少了一口子人。

智者的话令我大吃一惊

一

今天在紫竹院公园与一智者偶遇,他偶然的一席话,使我豁然开朗。

他说成功只需要三条:一曰"喜欢",二曰"勤奋",三曰"关系"。就是说,第一,要喜欢你正在干着的事;第二,要玩命地干;第三,要有神人助力。

于是,我回到"人济山庄"的斗室里,开始反思"天大"公司。反思着反思着,我的那种行将失败的预感就又冒上来了。

首先,"天大"目前所从事的主要业务是贩卖美式集便器,也就是集成臭大粪的马桶,对此物,有的公司的 CEO 始终挚爱,比如"地大"公司的老总,而本人就一直没能爱之如己出——像"地大"的老板老王那样。如果不是以马桶为生,如果不是因为"天大"中有如老富老洪一类的离了马桶生意就必须下岗、就必须全家蹲坑的具体情况的话,我还真讨厌真憎恨那"巨无霸"。当然,为了不影响"天大"员工们的敬业习惯,这类的话在公司里我是从没敢说的。

二

第二就是"勤奋"。紫竹院内的智者说他的成功——他是摆摊子卖儿童智力玩具的——就有勤奋的成分。他说清晨6点就得起床演习所有那上百套有不同机关的玩具,做到每个都能演示,在客人买时不出丑,才能将每个来摊子上的生人"搞掂"。我问他为何需要每天都排练,你不是卖了若干年同样的玩具了吗?他说他有一种习惯,就是睡觉时间一旦超出五个小时以上的话,之前所记的所有东西就都会全部忘记,必须起床重来。所以他十分勤奋,每天6点起床,开始照各种玩具的说明书一一操练,然后在8点上场。

初听,我怀疑他是否在智力上有残疾。但又一转念,认定他说的,也有少许道理,因为他的成功的确来自他的勤奋。

于是我回来后又将每个"天大"员工的勤奋精神从前到后一一地在脑海中过滤了一遍,发现"天大"没有一个会在6点钟起床或保持清醒的,有嫌疑的倒有,老洪便是一个,因为他长年失眠。

61

三

关于那第三条，智者说的便是"关系"了。关系"天大"曾经有过，是个洋人。可自从本人那次发出了"独立自主，自力更生""既不靠政府又不靠洋人"的伟大号召之后，"天大"的关系就全断了。而今剩下的"关系"并非没有，却只有公司内部也就是"人民内部"的关系，其他内部的关系已经一个也没有了。这不由得令本人吃惊并且恐慌。

四

我记得当我问那个紫竹院里的智者，他与成功的三大条件到底有多近多远时，他特别眉飞色舞，说除了他特别勤奋，每日6时准时起床的第二条外，他还特别喜欢那些他所出卖的智力玩具。我问他究竟喜欢到何等程度，他说他打3岁起早晨一睁眼便开始玩这些玩具，而今都到50了，他还是一睁眼就开始玩。

我又问他与何人有何种铁定的"关系"，才这样成功时，他环视了一下园里到处都有的竹子们，诡秘地说："大熊猫！"

天上掉下来个打架的

一

那天"天大"突然闯进了个举手就要打人的人,而且点着名字专要暴打CEO——我本人。问他理由何在,他说他顶烦"天大"的CEO——还是本人——从不戴手表和拿手机的毛病,于是呢他就想大打出手,想用武力教育一下"天大"的CEO——更是本人。他从前是职业拳击教师。

哦,正好今天是教师节,是9月10号,明天就是"9·11"了。

二

我一下子就不知所措了。我让那些不是CEO的人上,但没有一个真像是要上的;我又让"天大"的五个副总像挡任意球那样用手部保护着"机要部门"——在CEO——我的前面站成一堵人墙,将那个要打人的对方公司(也是一个"非典型"的,共有弟兄8个)的CEO的拳头屏蔽掉,但我那些个副总竟没一个在此时听令的——他们都想紧捂着"机要部门"四散而逃!

我又看看自己的拳头,发现它比那个来犯者的小了整整一号……我想马上去练少林拳,但发觉已经来不及了,因为那厮长的尽是茧子的拳头已离本人的人中只有半寸之遥……

千钧一发之际,本人破天荒地第一次从一个还没逃远的"天大"副总的怀里抢过了手机!

三

手机的那头是一个小时候也常动手打人的人——我的发小。

发小后来转正了,不再打架了,他去当了一名光荣的中国人民解放军军官。

而且一当就是8年。

复员后,发小就在一个十分重要的部门里担任人事部部长和保卫部部长。

听说那里面都是首长。

四

在危险中,我用颤音问发小:为何天下都是一家,都经商了,却还有人想打架;我如果真打不过他,我该咋办?

发小指示,此时此刻:(1)千万别相信你手下的"天大"员工中的任何一人会替你玩命;(2)在你四周,眼下唯一的一个亲人,能够决定你的安危的就是手举拳头想打你的那厮,他的拳头只要还在空中高悬着的话,你就绝对安全;(3)如果你无法用劝解黑熊不要伤人的手段使那厮文明,那么你只有打求助电话,向警方发出呼叫。

我听发小的"解术"之后,便下定了要向外界求助的决心。因为我从那厮的目光中丝毫也看不出黑熊般的同情和怜悯。

"打什么号码?是120吗?"

"不是,那是专呼'非典'专车的。"

"是……110?"

"那也不对,那电话太忙,因为紧急情况太多。你这类情况根本就不算紧急的,拳头还没真落下来呢。有的'非典'型小公司的CEO都被轮奸了,那电话还没接通呢!"

"那我打……"

"你就打911吧!"

"那不是美国警察局的?"

"咳!你不知道中国已与世界接上轨了啊!哈哈……"

结果911电话还没打,我发觉眼前的敌方CEO就已经逃遁。

65

俺就快变为成功人士啦

一

自从那次突发事件之后,我生平第一次明白了:

(1)中国的小流氓怕美国警察;

(2)当老板除了鲜花、掌声和嘘声之外,还有那么几分的风险。尤其是在中国当一个"非典型"不大不小公司的不大不小的老板——还是因为咱十三不靠啊!咱一不靠政府,所以如有大敌光临,而且同时光临国企和私企的话,那么政府的部队肯定是先保护国企、保护咱国家的财产啊。你说呢?咱又二不靠洋人,咱离它美国那么远。真要是遭上了流氓寻衅,拨通了911,那美国警察哪会真的来拔枪相助啊!即使想来,也会让咱解放军在边境上消灭掉!

所以说来说去,想来想去,今后再碰上别的CEO来打架,我认为,还是逃之夭夭为好!

比那些个副总,看谁跑得快!

我在大学时,曾得到100米跨栏的第一名!

当然，我是一个人比的。

二

但凡成就那么点子事业的人，还都得承担点生命的风险——这下我有点明白了。我不仅明白了这一点，还进而明白了，那些一点都没有风险的人绝不能算是成功人士。你就想吧，这世界上，中国的、外国的、古代的、现代的，但凡成功的人身后总有至少一个拎着枪的人跟着。被拎枪人跟着的人共分两类：一类是在押犯人，另一类就是成功人士。在押犯人，凭良心说，也不是凡人。要不人在前走，后面为啥还带着保镖？

这么想来想去，我就一下想通了，而且还着实开始得意了：我终于离需要保镖的地步咫尺之遥了，我终于快接近成功的人士啦！

万岁！

我心潮起伏。

伟大的 40/50 工程

一

40/50 工程的概念好像是南方人最先创立并实施的，意为鼓励民营企业雇佣 40/50 岁年龄段的员工。地方政府为此还配套了一定的奖励措施。

近来，我也对"天大"公司员工们的年龄结构进行了一番定性和定量分析，分析的结果是绝大多数人——包括本人在内——都已位居 40/50 之内，而且凑巧的是，本人竟是结果出来的那一天，才正好被计算进去的——那天的本人，正好是 40。

那一天，也就是在本人刚到 40 岁的早晨，我才开始领悟到 40/50 工程在动物行为功能方面的合理性，因为我的某些生理机能在 39 岁的最后一天和 40 岁的第一天早晨，发生了如下本质性的变化，可举例说明：

（1）前一天我还始终精神焕发来着，第二天就萎靡不振了；

（2）前一天我的腿还不抽筋，第二天刚一睁眼，它（那筋）就抽起来了；

（3）前一天我还斗志昂扬，第二天不知怎的斗志就不再昂扬了；

（4）头一天还梦想着改变世界来着，第二天就只想改善自己的生活状况了。

总之，39岁和40岁两头，是不那么一样的。

二

我于是特怕从49岁到50岁过渡的那一天的到来。

我简直就不敢想象那一天会发生何种离奇的事，是掉下一条粗腿，或是半个心脏的桥会猛然坍塌，再就是女儿会一下子认贼作父？

于是我对"天大"中的已经奇迹般地过了50那一大关的人，比如说老洪、老富、老马、老杨、老虎……产生一种正眼看英雄而不再是斜眼看狗熊样的敬仰。

我又察觉出在"天大"为数不多的10名残留人员之中，除了有4个正拼着命地向40的大限冲刺以外，已经有4个都快冲到60了。我于是特别想向市政府提议，看是否再搞出一个50/60工程，再给如俺家这类的企业一点资助，否则老洪、老富等人一旦真的冲过了50/60大关，那"天大"就会到了连替他们买老年专用尿布的资金都拿不出来的境地！

三

在我冥思苦想是否将老洪、老富等已向60大关冲锋的"天大"元老们，打发回原籍并从此永不录用时，有人提醒我说你这是想要杀人。我说不是。他说那你就想卸磨杀驴！我说我们的"天大"真拿不出给员工养老的钱了。他说该讲孝道时就得孝顺到底。他还说60算什么？有些成功人士70岁才真正出山呢。60岁怎么了？你看人家老富。他吃的是比你少了还是没你有劲？我想这话也有道理。老富虽已年奔六旬，但他已经练了近50年的八卦掌，能够一掌将一个美国"巨无霸"牌集便器击碎。一个"天大"出售的集便器的零售价为1万多人民币。"天大"自打营销该集便器后总共只碎了一个，就发生在老富当班的某一天夜里。那夜只有老富一人在场，所以不知那个集便器是被老富一掌击碎的，还是掉在地上"哗"地摔碎的。

总之，老富的掌上有功。

四

于是我想也是：留得青山在，不怕没柴烧；留得老富在，不怕恶棍来。

不过如果恶棍真的来"天大"寻衅，老富也不会管用，那天那泼皮公司的CEO来到"天大"找我打架时，第一个从后门蹿出去的恰恰就是老富！老富从后门出走后，楼道里传来了震耳欲聋的掌击电梯门的声响。后来人们问老富为何不在可怜CEO齐天大身处险境时将老总身前的歹徒击倒，而是跑到楼后去掌击电梯之门，老富说他练的那种掌的第一要领就是不与来犯之敌进行正面对抗，以免将歹徒一掌拍死而事后偿命。

也有怀疑老富到底是否有真功夫的人，怀疑他那天掌击电梯是企图尽快逃走。

五

绕来绕去，我真正想说的意思就是："天大"的员工们的确都已40/50了，按现代商场上对作战人员的选拔标准，他们有很多——包括本人在内——都该退场离去。

可我不能，因为那如同将我和伙计们日后的40/50/60/70的职业生命扼杀。何况，按中国的现行体制和实际情况，这些人一旦在这些年龄上被"天大"辞退，在有生之年就将彻底失业。

失业的第一层意思是不再有钱花。

失业的第二层意思是不再有事做。

一个活蹦乱跳的人，尤其是男人，一旦没钱没事做，在我来说就几乎是等死。

那是有那么几分令人恐怖的事情。

于是"天大"就只得死撑着，死要面子活受罪，一齐与公司的元老们死撑到底了。

六

还认为自己年轻力壮的老富生怕我让他退休，但有时又真是不胜任那些工程设计、电子商务一类的新业务必须做的工作——他只会八卦掌——就在一天向我提议说想当我的签约保镖。我顿时诧异：要是下次再来歹徒，是你在前跑？还是我在前跑？"当然是你跑前，我殿后啦！""那上一次……""上次咱不是还没签合同嘛！"

半身不遂的公司

一

公司刚开了五年，就已经开始半身不遂了。

据权威机构分析，公司能开到五年的，只占10%，而且越来越小于这个10%。"天大"公司按这种算法，就已经该寿终正寝了。

但我，还要坚持下去，我一定要坚持到把这本书写完。这本书原计划写15万字。现在才写了2万字，而且每个月的进度才几千字。所以按这个速度写下去的话，我的"天大公司"，就需要再撑一两年，才可以关门。我开这个公司，就是为写这本书提供一个实体、一个实验基地，所以"天大"赚不赚钱，并不十分重要。哪怕是开这个公司，每月要赔上那么几万元，但为了一本书的写成，也还是值得的。

"天大"反正也是豁出去了。

二

"天大"眼下最大的问题——在存活了五年之后，半身不遂。我的脑子在飞转，这个地球和技术也在飞奔，而"天大人"的头脑们却跟不上那些动乱式的转动。如果将我的头比作"天大"的头，如果将老富和老洪的身子比作"天大"的身，那么明眼人一看就会知道："天大"的头比彗星还要聪慧，而"天大"的下身呢？则是半残。"天大"的头的转速比哈雷的优秀程度要高，但老洪和老富的下身，反正非常阻塞和不顺畅。

三

已经大大地过了40/50工程上限的老洪，竟然本周说什么"他齐天大还敢降老子的工资？老子跟他拼啦！"他指的拼是要跟我耗下去。这下可吓着了我。他都50多了，我才刚过如第二个青春期的40。梅花的二度还未开放，如果我在今后的十年当中，要一天天看着老洪的老脸老下去——将二度的梅花开放的话，那我这朵梅花必定会提早枯萎或者早谢。所以我就动了关掉"天大"并再度出山前往日本的念头。我的第一个青春期是在东瀛度过的，那已是二十个年头前的事了。那第一个青春期我过得十分惬意，所以二十年后再杀回去，也可再次成为商场战将。

四

今年的 9 月 18 日我们竟带领着一个日商，去与另一个中国公司谈共同合作的事。我原想不去，并不想在这个日子中与日本人勾勾搭搭。我让助手将约定的日子改为 9 月 19 日。但那个日本商人说不行，说 9 月 19 日他要回国。我就在 9 月 17 日关注了一下电视报刊上有无关于"9·18 抗战纪念日"的特别新闻和注意事项。最终还是在 9 月 18 日与日商一齐出发去与另一波中方谈判了。当然，我们谈的与化学武器一类的事情无关，也是关乎抽水马桶的。

我其实以前从未有过再赴东瀛的念头，我一直是想将"天大"的集便器事业进行到老洪和老富退休的历史长度的。这使我这个头脑每一刻都在与宇宙同步运转的车手十分的自在。你开快吧，底盘会将你这个车手一齐漏掉；你不开吧，别的车——如"地大"公司一辆辆地从你的侧畔飞驰。

所以我有些倾向于放弃，去最前方——回到那个二十年前我曾三进三出的商战场地——日本。

五

明年的 9 月 18 日,我人会在哪里?

火车头原理——"天大"的经营战略

一

正如许多公司的 CEO 都知道何为经营战略一样，本人也是知道和能运用战略的人。难怪"地大"公司的 CEO 王五四处带着酸劲张扬："如果'天大'的老总不是一个天才的战略家的话，'地大'牌马桶早就称霸世界啦！"

二

"天大"几年来一直令同行称道的决定性战略总共有那么几个：CEO 从来没有手机就是一个——这是决定性的，咱以后再说。其二就是我起名叫"火车头"的原理了。

"火车头"原理用我的话说，就是一个火车头拉一节车厢是拉，拉十节车厢也是拉。都要烧差不多的煤，运作成本都差不多。所以一个成功的 CEO 的任务就是让同一个车头用同样的运作成本拉上十节八节甚至一百节车厢。那头一两节能够解决开车的成本（公司的固定支出）；那后几节甚至是第一百节呢，就是公司创造的纯利润了。我的这套理论，其实再明白不过了，也就是 GE 那个韦尔奇所说的同一个平台上运作多重功能，也就是管理战略上常说的"多元化"。"天大"在起初的几年走的是单一化经营的道路——我们只出售马桶。这几年马桶已经遍地都是了，新的营销者如雨后春笋，所以我就在"天大"现在的人力资源车头（比如主力员工老洪、老富、六姐、小华）的屁股后面一下子挂上了十几节车厢，也就是增加了十几种业务，哪十几项？听我一一道来！有 IT、有生物工程、有奥运场馆、有宇宙远程控制系统（老洪专门负责），还有一个，就是教品德、教思想、教烹饪以及教英语法语雅思和出国等的"天大语言文化教室"。这也是参照了 GE 的 CEO 韦尔奇以及日本大集团公司经验成立的，那就是理论与实践相结合，走"将学校安插到公司中去"的先进路线。

您看，"天大"的多元化道路，走得还比较热闹吧。

三

多元化道路的对错暂且不表，然而一旦走起来，却也并不那么轻松。

首先，还是人的素质问题。就拿现在既是"巨无霸"

集便器的品牌经理，又身兼宇宙远程遥控系统项目开发部长的老洪来说吧。他连中学都是在"文革"期间上的，而且已超过50岁，听说有浅度的老年痴呆和早期帕金森，他本人还特别反感新潮以及20世纪80年代之后的一切技术成果，并不懂英文，所以在我让他负责与美国休斯敦的那家宇航公司每天用电子邮件（E-mail）联系业务之后，至今还没达成任何经营成果。既负责"巨无霸"的搬抬又主持"天大"IT业务的老富——您以前就听说过的——也是与老洪犯着同样的错误：他经常把下水管道与网络宽带的概念搞混。

小华原先在"天大"负责烹饪工作——也就是做饭的。她曾为"天大"的员工们当过两年的火头军。而眼下她再也不用做饭了，她担任着"天大语言文化教室"的副校长工作（校长由本人兼着）。小华原来也想上台教英文来着，后来她发现自己并不懂得英文——在上过第一次课后，也就勉强地担当起"天大"学校伦理道德课的专职教员了。她上课时，当然，总用自己当厨师时的敬业故事作为职业道德课的开场白。

从以上的这些个例子你们可以清楚地看出，"天大"的火车头原理与GE的多元化有许多相似之处，也就是在人员的构成上有一定的差别；即使如此，"天大"的火车头战略还是要坚定不移地搞下去，原因很简单，别管在营利方面的效果如何，多元化一旦搞开，再想收场就十分不易，因为现在无论是我让小华再回头去下厨做饭而不在课堂上给学生上道德课,或是让老洪、老富放弃用中文与美国休斯敦联系、放弃当IT的网络总监,而再回头去楼上楼下搬扛马桶的话,他们都会毫不犹豫地杀了我。

"天大"内部改革派与保守派的玩命斗争

一

我从没预想到,就连在如麻雀般的"天大"公司中,也会出现了一场如 20 世纪 70 年代末改革派与保守派之间发生的那种你不死我就不活的激烈斗争。

二

"改革派"是指"天大"20 世纪 60～70 年代以后出生的那些员工;"保守派"是指那些个在 20 世纪 40～60 年代甚至更早出生的员工。"改革派"又指那些个与 CEO 齐天大非亲非故的;"保守派"则大多是与 CEO 齐天大曾穿过一条连裆裤,或自从"天大"刚一成立,就进入"天大"并一直没走的员工。改革派们说现在"天大"都已入不敷出了,凭什么叫你们干吗你们死活都不干吗呢?保守派则说老子当年干吗干吗干吗的时候,你们小子和丫头们,在干吗?

改革派说都像你们这样不紧不慢的功夫,"天大"还有什么未来?

保守派说老子拉屎就要花至少半顿饭甚至更长的工夫,因为老子们——已经便秘。老子们不仅便秘,还有痔疮。

改革派又说你们几个别倚老卖老,现在是经济社会,如果老是像老鳖那样保守不动,当心咱们的CEO会炒你们的鱿鱼!

保守派听后厉声地说:"他敢!我们倒是想看看他齐天大长了多大的胆子!他莫非想造反不成?兄弟们为他出生入死,为他没白天没黑夜的,图的是什么?图的就是老来轻闲!现在他搬出你们这些个40岁都不到的乳臭未干的家伙来逼老子们继续创造业绩。他良心何在?老子们死也要死在'天大'!非让他齐天大给老子们收尸不成!"改革派听到这急了,说咱公司都快倒闭了,你们还在这儿嘴硬,你们没看见这个月的营业额是负数?要这样下去,别说忙收尸,就连搞火化的钱咱公司也出不起啦。

保守派说那就干脆搞土葬。

于是,"天大"公司的人事改革运动,就停留在究竟是搞火化,还是进行土葬这个关键的问题上不动啦。

我终于借来一把裁人的刀

一

我最先想裁的，正是那七大姑和八大姨。中华人民共和国成立前北京的八大胡同，也正是解放军进城后第一个要裁的胡同。

二

我是在忍无可忍和无可奈何之后，才发誓要裁"天大"的人的。

有很多人打"天大"五年前刚开门的那天起就让我裁人，虽然那时的"天大"里只有我一个。

他们都说是"天大"过多的冗员才耽误了我自己的前程。而我的前程——按我想，就是早早下岗。

我本想挣到每天早晨都能有实实在在的一碗豆浆喝——我是指合法的和几十年都喝不完的豆浆时——就退休。

其实这个志向早在三年前就该实现了,但我现在却依然不能实现,只因多了这么一个"天大",才大大推迟了我退休的步调。

"天大"一天天地开,就一天天地赔。

开始时,我老拿日本的三菱和韩国的大宇以及现代电子开心,心说人家三菱都赔那么多了,人家大宇都快倒闭了,人家现代都快赔成了"后现代",可人家的骨架子不是还在撑着,人家的公司不是还没倒闭,人家的CEO不是还未跳楼吗?这种幻想一直是我将"天大"死撑下去的动力。但后来,当三菱的骨架子终于快支撑不住,当大宇已经倒闭,当现代的CEO真的跳了楼并摔死了之后,我才开始醒悟,我才想到要在"天大"中开展一场空前的裁人运动。

谁让我是"天大"的总裁呢!

三

我观望别人开公司时都老在裁人,尤其是女人开的公司。劝我裁人劝得最使劲的也大多是女老板。我从她们的苦劝中意外地发现——现代的女人贼狠。

四

"二月春风似剪刀"——我开始磨刀霍霍地想"杀人"啦。

我真的要行使"总裁"二字中的那个"裁"字了。五年后，我开始真的行动了。

我在"杀"第一个人前，先想了想劝我杀人的那些女子的苦苦的良言——给自己打气，然后，我就仔细阅读莫言写的那本有描写杀人情节的《檀香刑》，看看以前的人都是怎么杀人的。因为本人毕竟在这方面经验不足。

五

我想到了借刀。因为我发现《檀香刑》中的每一种方法都不如借刀省事。最好的方法应该不是用刀，而是用脑子去杀（裁）人，比如古人曾用过的裁柳的"春风"。

于是，我就把刀借到手了。

我先将"天大"南方办事处正处在养尊状态下的某经理，一下子提拔到西藏海拔 7000 多米的珠峰下面的一个藏羚羊出没的地区，让他去开设一个"天大"驻藏行政公署，并将他升任为"西部全权代表"，令他在一天之后立即到任。他再三犹豫之后说："不去。"于是我便在公司内部大造他不服从组织调动的群众舆论——群众当然不答应了！因此他就提出辞呈。我立即苦心挽留。说你为何放弃这么好的一个晋升的机会，别人想抢我还不给呢！要不是因为你是这个公司的"开司元勋"，我哪会这么力排众议地将提升的机会（我是指到海拔7000米以上地区工作）让给老弟你……

他在痛哭一番并表示强烈感激之后，还是不服从纪律地离开了"天大"。

成功啦！

我终于第一次打破"天大"永不裁员的信条，迈出了这万分艰难的一大步子！在"天大"5周岁到来之际。

早革命的还不如晚革命的

要革命就会有牺牲,要裁人就必然有人骂娘,这是当小老板必然会遇到的"血光之灾"。

在"天大"的一位公司元老因为不服从组织分配而离开之后,"天大"的一批元老就背地里议论起谁革命谁不革命的话题了——他们都明显地对本人十分不满。他们无非是说"先革命的"(先参加的)要先走,"后革命的"(后参加的)反而不走;而反革命的(指正跟着我搞革新的)呢,却极其猖狂。

听了这些议论之后,我发现了以下几点:

(1)开一个麻雀公司,也如同是在搞革命;

(2)公司一到第五个年头,就已形成元老阶层,以及论资排辈甚至是倚老卖老的恶习;

(3)公司要想进步(指继续革命),最大的障碍有二:一是既得利益者(指 CEO);二是想跟着 CEO 舒舒服服地蹭车、一直蹭到共产主义(指极乐世界)或是蹭到公司一败涂地(也可能是极乐世界)的那部分保守势力(或称为公司的"元老")。

已经不再想前进的这两股势力，就如同一辆破车的前后两个闸，它们总是阻碍公司这辆破车的继续前进。这并不是说车子不需要闸，闸还是蛮重要的，要不谁敢开车？而是说老车的破闸总是合上后不能再松开——闸也有老化的时候嘛。或者是前闸、后闸中老有一个夹紧后不再松——你说那破车咋接着往下开呢？

"天大"最大的保守势力其实不是别人，而是 CEO 我自己，我天天对员工们叨叨着要学老子当初那样骑一头破驴西出函谷关，或是学庄子那样变成蝴蝶乱飞——反正我最讨厌的就是在"天大"当 CEO 了。元老们听后也开始厌世——连自打"文革"串联后三十年从未坐过火车、从未出过北京的老富都开始反全球化反麦当劳反带手机反出境游反使用抽水马桶了——他说还是自然地蹲坑更显得与世无争。

由此你当然看出了弥漫在"天大"上空的独有的惰性！

于是，凡来"天大"的新员工，就背地里被称作"晚革命"的。

于是，凡在"天大"想搞点新思路的就被骂为"反革命"。

于是，"天大"中最早革命的那位仁兄，就因拒绝去海拔 7000 米处办公而被我扫地出门了。

因为我虽不想革命，却必须革命。

因为公司干着干着不革命（变革）了，就注定要死亡。

我们别无选择。

迫不得已的变革

一

革命或是反革命，在如今这个时代，是相对而言的，因为而今的这个世界，是个每时每刻都在变革中的世界；而今的这个地球，也是加快了转速的地球；而今的这群人类，更是区别于以往几百、几千年的那群人类，是一群"坐地日行八万里"的飞行着的人类。

二

在今天来看，世界上最大的"反革命"，就是无为的老子。在今天来看，世界上第二号"反革命"就是半疯的庄子。那个善于玩弄兵法的孙子，倒显得极端地革命。

三

变、变、变，变得太快，也变得太离谱。地球在变，人心在变，产品在变，销售方式在变，卖东西的人在变，公司的性格在变，公司的定位在变，竞争的人在变，CEO的心在变，首席执行官的角色在变；手机在变，手表在变，马桶在变，马桶中的水也在变。

由清变浊。

由白变黄。

由香变臭。

由不是大粪变成了大粪。

四

我几乎天天都在书架上找能教给我应变招数的新书，我得靠这类大多是洋人写的书排忧，我要拜它们为师，靠书中的秘诀应付这个变化太快的世界和"天大"变化多端的问题，靠它们的指导来引导继续的革命，但我后来知道自己错了。因为这个世界变得太快也太邪乎了。我刚刚从某本教我应变的书中拿出一个秘方对付"天大"的问题，那本书里曾经使用同样的招数获得过史无前例的成功的那个公司就已经倒闭了。于是我就开始怀疑那本书的正确性,以及写那本书的洋人管理师的可信性。怀疑刚一产生,那个大师立刻就过世了。于是,我就汗流浃背。因为"天大"已经采用了那个招数!颇似刚给女婴打入抗鼠疫的新疫苗,就被告之那个疫苗原非该用于防儿童鼠疫,而是老年痴呆。

企业文化的惰性

一

偶翻出一段闻一多的文字，说："文化是有惰性的，而愈老的文化，惰性也愈大。"

此话甚合吾意。

有那么多人连篇累牍地议论"企业文化"，可偏偏都忘了企业文化还有惰性一说。

"天大"有企业文化吗？我看是有，要不它的 CEO 不好好去做生意，动不动就离开公司写书算是怎么回事？如果没有的话，为何好好的一个美国牌马桶的中国总代理，开了个"天大语言文化中心"？如果没有的话，为何小华放下她手中的饭勺，去当那个语言文化中心的代理校长？

由此看来，"天大"绝对有文化。

二

其实，企业文化没什么好神秘的，只要是企业，就必然有文化；所谓的"企业文化"，绝非西方搞管理的人的什么发明。在我看来，"企业文化"无非是固定于一个企业之中的某些有别于其他企业的不大容易改变的行为方式而已，就如同一个人特有的习性。只要是一个活人，就肯定会带有某些个与别人与众不同的老是重复的习惯和习性，否则"他"就不会是"他"，"她"也就不会是"她"了。因此我认为，在提到什么"企业文化"时，千万不要紧张，不要将那两个字——"文化"——看得太神和太高不可攀，要坚定地认为：你开的公司里，绝对也有"企业文化"，而且只要你的公司仍旧还活着，就注定会有长期以来形成的与别的公司的截然不同之处，比如从前说过的曾经到"天大"来指着我的鼻子要打架的公司，它的"企业文化"就可定义为："该公司首席执行官是个该抓起来的家伙。"

三

"天大"的企业文化，也就是"天大"绝对不同于别的公司的特点，不胜枚举。我可以信手拈来：

（1）首席执行官齐天大先生从来就不在办公室；

（2）他从没有过手机；

（3）搞着多国贸易的员工的平均学历是中小学学历，而且大多毕业于"文革"期间；

（4）大多数人在讲话时都格外激动，并且手舞足蹈；

（5）谁都在最重要的商业机会到来时关机（指那些有手机的）；

（6）没有一个害怕首席执行官的；

（7）所有职工都能跨着很多行业工作，比如小华从厨师干到外语学校的校长，又比如以前专门修马桶的老富眼下总称自己是"高工"；

（8）他们都发誓永不退休；

……

"文化"是双刃的

一

可能你已经发现"文化"这两个字的"剑的双刃效用"了。何谓"双刃效用"？就是没有它你这个小老板就会当得贼累，因为你的公司还没形成某种固定的行为模式，你总要一对一地应对所有的偶发事件。还用那个好动拳脚的首席执行官的案例，如果"打架"这种文化还未在该公司真正形成的话，那么他们会特别累，每碰到一个客户或协作单位，他公司的员工们都要苦心揣摩："这次究竟是要文斗还是武斗？"这是因为"武斗"的模式还未固定成为该公司的"企业文化"。一旦固定下来了，那就好办了。那样他们公司的员工一遭遇到像"天大"这类的只会"文斗"的公司，按照该公司的"文化"惯例，连想都不用想了，连选择都不用选择了，就只有一个办法，那就是冲上去拳打脚踢！

所以，"企业文化"一旦形成，就会省很多的事。

二

　　但"文化"的另一刃，就是它的惰性了。何谓惰性？就是不太好改的属性也。你的"文化"是好不容易才固定下来的，你的良好习性也好，你的不良习性也好，你的野蛮习性也好，那好改吗？有的人将最近流行的"野蛮女友"的概念当成儿戏看待，误认为女人的天性是温存的，偶尔野蛮野蛮是一种调剂，但我却坚定地反对，殊不知女人的"天性"根本就不温顺，那是在"男人文化"的重压下经过几千年的努力才固定下来的习性，但你如果将其往"野蛮"的路数上去引导，一次两次，一人两人则可，但一群女人两群女人、一国女人两国女人连续地野蛮下去的话，便也会形成某种"文化"的。那样一来，女人的曾经温顺过的好习惯就会彻底地变质了，变成了见人就野蛮、随时随地都野蛮的样子。倘若若干年后又一部《我的野蛮男友》影片问世，那正验证了我的预测。因为那时女人已经全都野蛮，相反男人的野蛮性却从堂堂的"传统文化"降格到了一个故事情节。

三

　　上面的野蛮例子说明，要想将一种文化在企业中固定下来难，那需要时间，而一旦固定下来后，再想改变，也是不太容易的。因为"文化"本身的特征是"固定性"的。"固定性"就等同于"惰性"，即不好改变性，好改变的就不是固定的或尚未固定下来的，就还没成为"文化"。因此，对于一个首席执行官来说，公司里他最好的朋友是"企业文化"，因为有了这个东西人们的行为便有了定式，他就少费许多心思去应对，众多的随机事件，他的部下们会按公司固有的方式去应对。这是好的一面；但不好的一面，也出自"文化"二字的顽固性，就是一旦人们的某种积习固定下来，他这个首席执行官和他的部下们便顺势都成了那个"文化"的习惯了的执行者，他们想去改变那个东西（文化），却是千难万难了。从这层意义上看。"文化"一旦形成，便成了惰性的家伙，便成了变革的障碍，便成了首席执行官的死敌——这是指那些仍想随着外界的千变万化不停地变下去的好的、头脑尚为清醒的CEO（如本人）而言的。那些比员工更富于惰性的、比本人还糊涂的CEO，却不将他们公司中的文化当成变化的敌人，对之听之任之，对之随波逐流随风倒，直到被那个"文化"推进深渊。就拿那个总带头打架的武斗CEO的例子来说吧，他和他的喽啰们起初靠着"武斗"做成了几单生意，便认定公司已有了"文化"，便对打架产生了极强的惰性和极大的依赖心理，于是他们在走进任何一家公司之前都十分亢奋并手头痒痒。有一天他们照着惯例又大打了一番并造成流血事件，出门时一看那家公司的名号，才知道是上了"文化"的当，因为他们刚刚进去的那家"公司"，是当地的税务局。

惰性们的变种

一

原来想换个主题,不再接下去议论惰性来着,可是已经习惯了这种议论,想停也难停下,只有接下去写。

这也是一种惰性。

二

在商业战场上,我也算身经百战,参加过各种作战团体,其中有国企、有外企、有在中国的外企、有在外国的外企(其实那该算是那个国家的国企),直到眼下的小小的私企。从惰性的角度来说,这些个不同单位的共同特征,就是都拥有着极不好改良的个性,或可定义为企业文化,或可嘲讽为企业的惰性(道理如上所表)。但个性与个性不同,惰性与惰性也有别,比如说在国家级的大型企业之中,便从未发生过首席执行官用武打的方式去说服另一个企业的首席执行官的事例，但这在"天大"般的私企中却屡见不鲜。要不我这个小小私企老板也用不着在上班前先到紫竹院公园去学格斗。

我在西方某跨国公司任亚洲市场经理时，倒也听到过本公司的CEO与其下属用拳脚说话，或是将女职员反锁在办公室里潜规则的传闻，但那种事只是发生在他极其容易犯该类错误的壮年时期，一到晚年，他就再也不用拳头与下属讨论问题，在潜规则上也有所收敛，趋于文明了。

三

中国的巨型国企的文化是因为它们十分有钱。在国企工作时，总有一种钱取之不尽、用之不竭的错觉，所以特别想用不绝的经费堆砌有文化的感觉。比如我在国企工作的那五年，留下有关工作的记忆十分稀薄，却残存着满脑子的文化娱乐活动。那时的上司更是十分文艺化，仿佛是歌舞团或娱乐团体的总监，整天变着法地从部下（如我）的身上发掘更新的艺术本领，让我去做节目主持或是双狮舞中最下面的那个狮子。因此说国企的企业文化的特色与其他企业文化的特征有天壤之别，由于有钱，又用之不竭，所以常常是忘记了"企业"，而只有"文化"——将企业搞成文娱团体了。

而我，就是带着这种从国企带来的"恶习"来经营本不该是国企、钱是取之有尽还没用就竭的"天大"——一个小小的私企的。因此"天大"的员工们和我在时不时搞一回的文化娱乐活动中,都忘怀了公司每天都处在悬崖边的处境以及它的 CEO 本来就是一个穷光蛋的实际情况。

就拿最近的一次活动来举例吧,刚刚赢了几百元利润的我便带领部下去征服了"北京屋脊"——海拔 2000 多米的灵山。于是,我就在灵山的山顶上,指着我国西北角的方向对众位经理说:"弟兄们,等咱公司每个月的营利额跃上 1 万元的水平了,咱一定花点钱去征服珠峰!"

也就是在我用这种方法激励"天大"的同人们英勇杀敌后不久,一个刚刚赔了夫人(又亏损了)的经理就拿着一份《精品购物指南》的旅游专版兴冲冲地嚷起来了:"同志们,征服珠峰的时刻终于来到,你们看,这个行程一共才收 7000 多元,一直送咱到山下的大本营哩!"

于是众人哗然。

于是我便哑然无语。

从这则实例中你当然看出了"企业文化"的"惰性":就是积习一旦形成,想改都改不了。想让打惯了人的人不打人难;想让当主持人当惯了的人当观众难,想用"赚了钱就去黄山"的方法激励一门心思只想去珠穆朗玛峰,连唐古拉山都不屑一顾的部下去为公司玩命——就更难如上青天了。

都是因为惰性在作怪。

游击队之歌

带着一队由"非典型"的战士组成的"天大"队伍,我在中国这个抗战的战场上打着一场"游击战"。

我们的"敌人"是由美国等多国部队构成的联合的正规军,有微软、微硬或不软不硬、真硬假软或真软假硬;有松下、松上,还有阔叶林;更有麦当劳、肯德基以及肯德"鸭"……总之,它们都是外来的,是正规的部队,是用强大的资本武装到牙齿的,是吸血和洗钱成性的强大对手。

中国的公司大多是"非典型"的,是小规模和小打小闹的,是由一伙伙的谁都不服谁、谁都认为比其他的"谁们"都聪明百倍的喜欢独往独来的国人组成的团队,所以由我等这类人打造的公司不想与"敌军"作战则已,想打就别从正面与"敌军"发生冲突,就得从侧面或屁股后面向"敌人"发起进攻,也就是要学会进行非正规的游击战争,打一场21世纪的伟大的"民族战争",并取得这场战争的最后胜利,将肯德基和肯德"鸭"全部生擒活捉,最后将其用"德州扒鸡"和"北京烤鸭"来全部、干净、彻底地顶替。

(我倒要看究竟是人民害怕美帝,还是美帝害怕人民;是东风压得倒西风,还是西风吹得过东风!这年月谁怕谁啊?!)

CBD 是"中央大粪区"

一

五年来,我这个"天大"的首席执行官,本着游击的战略思想,带着"天大"的队伍四处搬家。我们先将"集便器"总部安放在中国的硅谷中关村地区,目的是想借 IT 行业的泡沫在该地区大搞新式马桶与现代排泄技术的结合,但后来 IT 的泡沫一下子就破灭了,连个招呼都不打,我们就将集便器的销售总部迁到了北京的商务心脏 CBD 的核心,将样板间置放到国贸白领和金领来去最多的地下商城之中,并多次进行现场马桶功能的演示。

数月后,我们终被国贸 CBD 的有关管理部门硬逼着放弃那个游击区域,因为他们让我们刻不容缓地搬家,说由于"天大"的员工以十分高频的密集度在地下商城中搬抬未冲洗干净的实物马桶的样品,对外国友人时常出没的国贸及整个 CBD 的声誉和商业定位产生了十分负面的影响。有人戏说要将 CBD 3 个字从 "Central Business District"(中央商务区）改写成"Central Bullshit District"（中央大粪区）。弄得我们很没面子，也就不得不搬了出来。

二

"天大"如今办公的地方是公主坟一带。我之所以说"一带"，是因为我们总被逼得居无定所，人们很难在地图上的某一个由十字交叉的准确位置上锁定我们。之所以选择带"坟"字的地域办公，是因为"坟"与"粪"谐音，人们会认为我们很职业化，而且"坟"与"粪"均是阴物，是阳物的背面。

"坟"是人死的去处，"粪"是食物死后（被消化后）的产物，二者都是某种东西的终结，所谓物以类聚，我们被这条道理聚到了公主坟一带，以之为游击战场。当然，我们的"敌人"除了跨国来的肯德鸡鸭之外，就是别的由中国人构成的游击组织了。

"天大"的长征

一

我有时窃以为，而今"天大"的四处逃窜（转移）是当年红军长征精神在21世纪初世界经济大潮中的延续，虽然那时要斗的是以蒋介石为首的反动政权，如今我们与之拼搏的是一小撮要将"天大"逼入绝境的困难。

当年伟大的毛泽东在率领红军到达陕北根据地时，曾豪迈地将红军的万里大转移赞颂为宣言书、宣传队、播种机，"天大"公司的四处搬家也仿佛是长征式的进军，将"巨无霸"品牌的名声从中关村带到国贸，又带进了公主坟。总之，"天大"精神随着"天大"的队伍在京城的东南西北四处都得到了发扬光大。

尽管现在我自己还没摸准"天大精神"的实质。

二

"天大"的游击战术在集便器的行业是十分著名的，具体的游击方针也是参照红军当年在土地革命战争时期的作战指导原则制定的，那就是"敌进我退，敌驻我扰，敌疲我打，敌退我追"，还有"大步进退，诱敌深入，集中兵力，各个击破，运动战中歼灭敌人"。再有"打得赢就打，打不赢就走""堵住笼子捉鸡，关起门来打狗"，以及"运动战""麻雀战"，等等。以上这些都是对红军、八路军和解放军作战方法的抄袭。

但"天大"的员工素质——以老富、老洪、六姐、小华和我齐天大代表的，并不能跟红军、八路军以及解放军相比，不仅不可相提并论，甚至无法同日而语。于是乎，同样的游击战术被运用到"天大"公司这里，就表现出与红军截然不同的效果。不妨随手举几个例子。

例子一，红军当年播下的是革命的红色的种子，而我公司四处转移播下的是不革命的种子。

例子二，原来应该是"敌进我退"，在"天大"这里，由于员工的意志力不够，变成敌人还没进我就退，或者变成还没望见敌人的踪影，我们就被吓得屁滚尿流。至于"敌疲我打"和"敌退我追"，则成了"我疲敌打"和"我退敌追"。"大步进退，诱敌深入，集中兵力，各个击破，运动战中歼灭敌人"，最后变为"只退不进，被敌人诱入，注意力从不集中，在运动中被敌人击破"了。这里的"敌人"，还是指"困难"。

例子三，"天大"人最会运用抗日战争中我军常用的"堵住笼子捉鸡"和"关住门打狗"之计，但始终是反而用之。就是总被别人堵住笼子捉了鸡，以及被别人当狗关在门中打了。

例子四，游击战的主旨在于"打得赢就打，打不赢就跑"。这是游击式战争的天下同理。我带领的"天大"小分队虽然也是游击专业户，但由于队员不专业，远不如拉登的游击队员高效，本该是"打得赢就打，打不赢就跑"的原则，到我们这里竟变成了"打赢打不赢都跑"，因为我军从未打赢过敌人（困难）。至于那首嘹亮的《游击队歌》，"我们都是神枪手……我们都是飞行军，哪怕那山高水又深……"呢，"天大"的员工们倒是每天都在心中默唱，因为他们个个都是神枪手，瞄准的都是我这个首席执行官，都恨不得将我立刻击毙。他们还是飞行军，不怕山高水又深，见了想武斗的敌军的 CEO 来进犯了，一个个撒丫子就逃！

从马桶到集便器的进化

一

我在撰写与当代经济生活有关的小说时,常常选用马桶作为我小说中的道具,以之代表某人、某个公司或某个集团公司经营的产品,所以马桶是我小说中出现频率最高的一个词汇。我曾出版过3本与马桶有关的书,名为《马桶三部曲》,全是写马桶的,长达70多万字,其中可能包含有上万个"马桶",不信你去买来核查一下,就知道里面到底有多少个马桶。

顺便提醒一下,那本书在书店里残存不多,你必须抓紧去买。

二

然而,在本书中,我毅然降低了马桶的使用量,将之改为集便器。我是在一次参观一个国际新技术展览时,才偶然发现了集便器的。在一个挂有"高科技"字样的展位上,一个打扮得十分职业化的看上去年轻有为的小伙子，指着一个酷似马桶的家伙，口口声声说它不是马桶，而叫"集便器"。我说不对，它就是马桶，他说不是，马桶是冲的，它是吸的，马桶不能吹风，它却能吹风，马桶不能拍你的屁股，而它却会……总而言之，他认为它绝不是马桶，而是牛粪以及人粪的集装箱。

我先无言以对，然后默认，最后表示积极赞同。于是，在这本有关"天大"经营活动的书中，我虽然又采用了马桶作为它的道具，却极力少用之，而多用"集便器"。

因为"集便器"已是马桶的升格，是"后马桶"，我们已于20世纪告别了《美国总统牌马桶》(《马桶三部曲》之一)的时代，一跃进入到一个崭新的以集便器为马桶的时期。

这，就叫进化。

由首席代表到首席执行官的升华

在我撰写《马桶三部曲》的 20 世纪，我的主要职业是买办，是一个跨国集团公司驻华的首席代表。由于我在当"洋首代"时不专心，由于我撰写了《马桶三部曲》，我便丢了首代的职务，于是才创立了"天大"集便器批发代理公司，才占山为王，才自命为 CEO——首席执行官。

当时的感觉，就是落草为寇，如同方腊和宋江。在许多人的叹息声中我扯起了"造反"的大旗，并向全球庄严宣布："从此以后，天大人民……自己玩！"

为了见证那一个宣布独立的伟大时刻的来临，我发下了《永别了，外企》的毒誓，还将其写成一本书，送到中国权威出版社的著名编辑的手中，说："您趁我还没改变主意，快，把它发了！"

那非常像一个总督对非洲某个想宣布该国人民站起来的黑人领袖说："你可想好啊，是独还是不独，一独了想再回到管吃管穿管国防的大英联邦，可就再也回不去啦！"那黑人领袖先目视四周，见无人以对，又狠了狠心，咬了咬牙，瞪了瞪眼，说："我独！"

之后，他和他的那个国家就独立了，他就成了大王了，英人也撤走了，撤走之后，不再管他和他们了，也不再帮他和他们了，他和他们虽然无法无天了，可也就穷了。

刚说了这些，我不是在贩卖新殖民主义，替洋鬼子招魂。我是用这段编造的故事形容众多习惯了在跨国公司当买办、当首代、当常驻中国代表的我这类所谓的"海龟"，一旦从跨国公司中离职，一旦彻底拉杆子独立后的实际处境。

在外国和外企中当了近十年白领的我，是在这个新世纪的第一年，像当年我党带领全国被压迫人民那样，先砸碎了套在身上的"跨国"的枷锁，然后走向独立的。我这个"首席执行官"，是从"首席代表"的席位上独立而来的，如同拉大旗作虎皮的坐山雕，也如同黄袍加身的大宋天子赵匡胤。一句话，我是放着太监好日子不过，想自己当一回小皇帝。

从太监到小皇帝，也算是一种升华吧。

CEO是平衡木上跳跃的狗熊

一

"海尔"的张瑞敏将CEO的生活状态形容为"如履薄冰，如临深渊"。他那是如"海尔"的大CEO，而不是如"天大"的小CEO。大CEO相对来说好当，小CEO相对来说不好当。大CEO毕竟"履"下还有一层薄冰在托着他，而小CEO呢，脚上可能连双"履"都没有，是光着的。即使有一双破履，下面也没有薄冰的垫背——他脚下就是海平面，或是激流。他的行为举止，就如同电影《英雄》中的九寨沟的湖面上飞来飞去的大侠，是着不着湖面的。

看上去十分悬。

二

我早年在加拿大渥太华求学MPA（公共管理硕士）时，曾在一个冬季，在湖面的冰还没冻结实时，在夜里下课后，

"履"着薄冰从湖上穿冰鞋划过。我那时的胆子颇大，听到尚未结实的冰在漆黑中"嘎嘎"地呻吟——我竟没有害怕。我是那个城市、那个冬天、那个湖上、那个夜晚，第一个履着薄冰穿湖而飞的人。

而今我再回想起来，就开始害怕了；而今让张瑞敏那么一说，我便将那个令我后怕的夜晚的心境与当一个CEO的状态相联系起来了。

我如履薄冰，而且还是在暗夜。

三

大企业CEO脚下的"薄冰"，是国家银行在困难时发放给他们的贷款，是地方政府的一臂之力，虽然态度有些如冰水般冷酷，但政府毕竟是政府，是硬气的，是出手不凡的。所以当大企业的CEO让我来看，并不太难。你脚下有了冰，便心中有着落。至于"如临深渊"，何谓深渊？人世即深渊，即无底之洞，活着的人都在深渊边行走，不独是企业的CEO，所以也无奇特之处。据兄弟来看，小企业的CEO，同时也包括大企业的CEO们的处境，是如同在平衡木上跳舞的熊瞎子。说CEO是狗熊，因为CEO都极笨，不笨的不当CEO；说企业如平衡木，是因为企业的形状是长的，是往前延伸的，而且前面也无涯，后面也无底，更是空间十分狭窄。说 CEO 都如熊一般的瞎，是因为 CEO 的目光只知往前看，不知往后瞧，而且大多昏暗。目光不昏暗的 CEO 是极少数的。只要站在那窄小的平衡木上，他就已被那窄小的空间给限制住了。他已再无跳到另一根平衡木上的自由，除非他先毁掉那根木头——他先破产、倒闭。他生是那根木，死亦那根木，那根木是他求生之圆木，又是为他打制棺材的主材。他如若想在沧海中泛舟而去，也要指望这根木头，用它来造那只小船。

"小舟从此逝，江海寄余生。"苏东坡当年在干太守（城市的 CEO）时，曾在倒霉时想打退堂鼓来着，他退堂时先想到的也是这根木头造的小船。

四

不懂平衡的 CEO，算不上合格的 CEO；CEO 是干什么的，就是干平衡的，他要平衡自己和公司，平衡自己的"公"和公司的"公"、自己的"私"和公司的"私"，平衡各种利益、各种冲突、各种诱惑、各种刺激、各种情绪、各种情感、各种机遇和挑战、各种成功与失败、各种人、各种事、各种环境、各种语言、各种业务、各种非业务、各种的……

五

　　我现在想起那晚在渥太华用生命去履薄冰时,又在后怕中感到万分之幸运——我幸亏那时还不是一只大笨熊。

公司者，道具也

一

"道具"在英文中为 tool，一个公司，对于以它谋生的人群来说，就好比马桶，或者集便器，是一个道具，也是一个玩具。美国有一个最大的玩具连锁店名为 Toys-R-us，意思是"我们是玩具"，所以当你走进那家店时，见到为它工作的任何一个职工，都仿佛在听他或她对着你说："我们都是玩具！"

没错，对于那个商店的店主来说，他们的确是为股东们赚钱的玩具，抑或道具。

二

任何一摊子事，对于做它的人说，可能都只是一个手段，一个为达到其背后不可告人的目的的玩偶。对于军人来说，战争和生命就是他们的玩具，要不为何《激情燃烧的岁月》

中的石光荣—没仗打了就不再光荣了呢。那种寂寞就好比贪玩的孩子丢了玩具。对于革命者来说，他们想革的命就是别人实现梦想的工具；对于钓鱼者言，水中的游鱼便是他想捕获的玩具。

玩具或道具者，手段也，做事的标的物也，人失去了玩弄的标的，就好比箭失去了靶。没了着落的行为者，也就失去了干事的欲望和兴趣以及挑战的对象，那就十分没劲了。

公司也是一个跳板，是一个手段，手段存在的目的是帮助想实现某种愿望的人当垫背的，因此手段不要求太好，也不要求太雅，只要是一个手段也就行了。手段之下呢，还有手段的手段；工具之后呢，更有工具的工具。一个公司本为手段，作为手段的公司的手段即是它经营的产品。既然作为手段的公司都既可不太好也可不太雅的话，那么作为不太雅的手段——公司经营的产品呢，就更没人挑剔它（它们）的文不文、雅不雅、香不香、臭不臭了。

因此，"天大"——我作为手段的公司，也就毫不忌讳地选择了集便器作为我们的主营产品、作为我之手段的手段了。

集便器是道具的道具、玩具的玩具。

我们是玩具。

我们"天大"人都是玩具。

令大多数人憎恨的道具

一

但凡将某种事当作谋生工具的人或人群，都无一例外地痛恨那种事（工具）。这就是人们常说的"干一行，恨一行"。

最起码我是如此，我绝对厌恶我天天挂在嘴边津津乐道的集便器。

我还遇到了很多与我有同感的、像讨厌集便器一样讨厌他们从事着的行业的人：比如大学的教授一见学生就头痛，又比如演电影的不愿看电影，等等。以上这些都是我亲耳听他们说的，可绝对不是谎言。

总而言之，任何一件事情做得太久了，也就乏味了，也就对其失去了崇敬之心，也就习以为常，也就开始讨厌它了。这也许是人的天性，是人类共同的一种心理。因此来说，如何在一个以某种产品（工具）为专营产品的公司中使员工们为之始终如一地倾倒、从不产生乏味感——就是首席执行官的首要任务。为何呢？员工是无论如何也不能对他们所做的产品产生厌恶感和拒绝感的,那会使他们对产品丧失激情;员工没有了对产品的激情,是无论如何也不能为你燃烧起来并具备火热的温度的,那对于你所经营的公司来说,便是一种冷酷的现实。

二

本人这个 CEO,就是个十分喜爱真诚地表达自己真正感觉的人,尤其是对待我本该十分热忱的集便器,我一贯十分冷淡,以至于时常表示出高度的憎恨,我的员工和客户也因之随我对集便器表现着通常的敌意,于是我们的生意总是不冷也不热。我们的头号竞争者——"地大"公司对集便器的态度,就截然相反了。他们在向客户介绍集便器(马桶)时,一贯地将左脸和右脸轮流粘贴到集便器的小肚子上,以表示亲热。而我呢,却在以往的几年之中时常在办公室里对着兴冲冲地前来交钱购买"巨无霸"牌集便器的客户说:"你昨天刚刚买了一个'巨无霸'牌马桶,怎么今天又来啦?你吃什么撑着啦?"

还有:"我怎么五年前就知道你是个倒卖马桶的,怎么五年后你还干这行,你可太没出息了!"

再有:"你小子的肚子,怎么跟'巨无霸'一模一样!"

三

　　以上的这条法则——干什么都不再爱什么的法则,有时也不适用于某些个人,比如总统当上了,就想一辈子不停地当下去,很少说越当就越不想当的,要不某国总统为何要忙着竞选下届的总统呢?因为除了再往下当总统,就没什么更新的目标可高攀了。

"公司"之辨

一

"公司"二字不知是何时在中国通用起来的，似乎中国的古人们并不知道"公司"二字为何意，似乎直到20世纪70年代，国人也对"公司"二字没有感觉，记得最早将此二字带进中国内地的，好像是港人，他们不仅带进了"公司"，还在"公司"的前面，加上"有限"二字。

那样的说法起初令国人万般糊涂，以为但凡公司，无论大小，只要是一个，就有"有限"的寿命，就是短命鬼。当然，那绝对是误会，叫"有限"的，后来我们明白了，寿命反倒"无限"；有叫"无限"的，反倒都是短命的。

以上是"公司"的辨析论点之一。

二

这其二，就要显露点本人在语言上的内功了。我了解许多语言对公司的叫法,原因是我曾与许多国家的"公司"打过交道。当然,那些个公司,由于沾过我的光,眼下绝大多数已经超过无限——都死掉了。其中也有还没到大限上的,比如说中国的"天大有限公司"。

举例说吧,用越南文讲"公司"也叫"公司"(cong Ty),这与中文的"公司"一模一样,可能是由于中文是越南文的"始祖",所以二者相同。你在与越南的公司打交道时一点也不要发怵,只要将对付中国人公司的手段如出一辙地都用上,就准能取得伟大的胜利。

英文的公司——company,你可能是知道的,如果你还不知公司是何物,你就一定要记住了,否则你无法与外国的公司们打交道,也无法彻底地同国际接轨。但有另外一点你可能还不知道。公司在英文中的原意是军队的"连队"的意思,一个公司就是一个连,连长就是"company commander",这,你可能不知道呢。你才知道你刚刚注册了一个公司——别管是有限还是无限的——你就已经被自封为上尉连长啦。你连军校都不用上!瞧你美的!

三

值得一提的是法语中的公司(société),从拉丁文与英文同宗的地方你可猜出société又是"社会"的意思。这一点你可能根本就想不到吧！法语中没有英文的company，却用société与英文的society（社会）和socialism（社会主义）、socialist（社会主义者）等同类的词联姻，将其概念混同于公司之中。

再往下说，日本的公司，你可能知道，叫作"株式会社"。"株"是股份的意思，"会社"是"社会"的倒置，将"社会"倒着放，就是日语中的"公司"；另外，从日语的字面上看，"株式会社"的后面从未见过"有限"二字，即使日文中的"有限"与中文的"有限"完全同义。

四

如果你允许我望文生义，我便发现了这样有趣的规律。由于"公司"在不同语言中用截然不同的词根和字眼表述，"公司"在不同国家存在的特征是有着非常明显差异的：中国的"公司"在字面上无可溯之源，所以难以从字眼上定位，中国人经营公司的特色，正所谓百花齐放，百舸争流，万箭齐发，一盘散沙。英美公司的根"company"是从军队的概念而来，所以极具进攻性和军事化。法国的社会"société"极具社会主义的色彩，福利性特强。日本的"株式会社"如树根那样连在一团，盘根错节，剪不断理还乱，而且日本公司由于是"社会"的倒装，所以与社会的融合性极强。在日本，整个社会就是一个将所有的"会社"倒置的产物。

五

我是在研究了以上几个国家的公司特征，又反观那几种语言对公司的定义，才发现这些个有趣规律的。对此你有充足的权利持保留意见。不过，我可能会用以下的调包方法使你认同我的观点。如何调包？请看以下几种文字置换游戏：

美国"微软"株式会社；

中国"海尔"社会（société）；

日本"丰田"连队（company）

⋯⋯⋯⋯

你不觉得它们有点不伦不类吗？

我误将"中国公司"开成了"法国社会"

一

"天大"的问题,可能在于我压根就没能将"天大"按"公司"开并形成中国特色,而错误地把它搞成了法式的"société"——"社会"。

我写着写着就写到"社会",才省悟到了这个理。

法国是最早搞社会主义的,是"巴黎公社"运动的发起地,所以法国人办的公司,即使在资本主义那里,也带有极强的社会主义性;一带有社会主义特色,就比较像是国企,一像上了国企,那些个国企病,也就都跟着来了。法国的在岗员工旱涝保收,福利充分,而且动不动就罢工。"天大"的同人们,虽然没人罢工,但个个像是我的近亲,本来不是近亲也朝近亲的方向努力和繁殖。不但如此,人人还都特别向往着先革掉CEO的命,然后手挽着手地奔向共产主义哩!

二

还有,我在公司内部整天灌输给弟兄们的,除了一些宋江、鲁智深式的"有福共享、有难CEO独担"的观念之外,还有少许的日式"株式"色彩。我一见人就大声宣扬即使"天大"瘦死、CEO饿死也永不因经济困难裁员的终身雇佣思想。我的这种理念,还被有的电视制作组作为典型材料四处宣扬。后来,我发现自己是上了太君的当了:日本人搞的"终身雇佣制"最终以不成功便成仁告终。

在认识到了"左"倾主义、法式理念、日式杂念的种种错误之后,我便想向美国人开的公司——连队看齐了,我不想再当株式的会长而想下连当一个上尉连长。

静态的"社会"和动态的"连队"

一个公司,在静止的状态上看,确实是一个小小的社会。何为"社会"?两个以上的人,就组成了一个"社会",社会是人的群体,因此,除了极少数的由一个CEO组成的公司之外,只要是一个公司,就都该被视为"社会"。

任何一个由公司组成的"社会",都与其他的"社会"一样,具备着同样的复杂性。其中,既有男,也有女;有已婚的,还有未婚的,更有怎么都嫁不出去的。有身残志坚的,有身不残志残的,还有身志都残的。有年轻的,又有年老的;有人老心不老的,也有身不老心老的,还有心老身老连性格都老的。

有了社会,就有了社会中人的层次之分,有CEO,有总经理,还有不是CEO、总经理却想当CEO、总经理的——由此产生了第一种矛盾。更有了分工,有了阶级;有跑腿的,有专让人跑腿的,有跑着跑着腿就不再想跑腿而是动嘴的。有悲欢,还有离合。有刚进"社会"的(指刚被吸纳进来的),还有被推出"社会"的(指被解雇和主动离职的)……有矛盾,更有冲突——因为有了层次,因为分了阶级。有历史、有惯性、有惰性、有积极性……还有的(也是最后的),就是"社会"的解体和分化,那是公司破产,被收编或者被收购以及解散。在最后一个环节到来的时候,这个公司的这个"社会"便不复存在,分散出去的这群人都将分头加入其他公司,被纳入另一个有着另一种文化、历史、男女、上下级、矛盾、冲突、规则的另一个"社会"中去了。这,就是一个公司在静态分析下表现出的社会性。从社会性来看,一个公司的 CEO 是干什么的?就是一个由他组建而成的社会的维系者,是个维持会长。他的最最重要的使命并不是赚钱,因为赚钱有许多其他的方式,并不一定要靠开公司。但作为一个首席执行官,他的首要职责,就是使他管制的那个"社会"——无论是营利的、健康的,还是非营利或是不健康的——长久地存在下去,使之不解体,使之还有生命,使之在老化之后再增加新的活动的细胞,使之永葆青春,使之即使青春不再,倒掉了也能够永垂不朽。

要做到这一点,那个 CEO 无论在肉体上,还是在精神上,也需要永葆青春、永远创新。即使他,保不住青春、失去了继续生存的能力,最终将公司做垮了,也要永不言败,在精神上做到永垂不朽。

动态的"连队"和静态的"社会"

一

比起法国人大锅饭式的"社会",英美人对公司的理解"连队"就更具活动性和攻击性。"连队"恰恰解释了公司行为动态中应有的状态,以及它的目的性。

没错,一个公司就应是一支军队,它不应等同于那些非进攻性的组织——妇联、教会或是联合国的教科文组织,它就是一支军队。它的使命就是保存自己、消灭敌人,它的"连长",就是首席执行官;它的大兵,就是老洪、老富、六姐、小华一类的成员,那些成员的首要职责,是义不容辞地保护好首席执行官。

那就是我。

二

中国人开的某些公司之所以多半打不过美国人开的,

要在我看,首要的原因,就是咱们的"公司"二字不具备感召色彩和作战色彩。美国人打仗,是以"连队"为单位的,CEO们在谈及他率领的公司时,听起来也像是长官号召自己的部队。换句话说,美国人在进行作战行为时的心态与指挥公司赚钱时的感觉和心态,有异曲同工之处。事实上,老美的许多大兵,在退伍后,都到地方的公司中干起了职员,他们眼睛里的经理顺势就变成了他们服役时心目中的长官。

我早先在加拿大一家公司的总部就职时,发现美国分公司的一个小伙子每次见我都先打立正,然后一口一个"Sir"(长官)地叫我。我让他别那么客气,叫"Uncle"(叔叔)也就行了,但他又打个立正,使劲摇头说:"No,Sir!"

我后来一查,才知道他是一个刚刚退伍的士兵,而且刚参加完"沙漠风暴"的对伊战争。

我还听说他在一次战斗中用子弹误伤过他的长官——一个"Sir"。

从会长、董事长到CEO

当你再将日本、中国、美国几国颇具代表性的企业对公司的"长官"——首领定位时使用的词语时,你会发现它们特别值得留意。

首先看日本。日本株式会社的最高长官为"会长",之下为"社长"。"会长"相当于"董事长"的角色,"社长"相当于总经理或总裁。再看中国的企业,到目前为止,使用最多的还是董事长。它表述一个企业的最高领导,再或者就将其称为"老板"。

再看美式的"CEO"。CEO的全称为"Chief Executive Officer"。"chief"为"主要","officer"为"军官"或"长官"。将那个"执行"——executive——"执行"去掉,美国人的公司首领,就成了"主帅"。

将会长、社长、董事长、老板、CEO(主帅)合到一起,你会发现:

(1)CEO最具战斗力,是军队体制和思维的变种和延续;

(2)董事长(chairman)、老板(boss)的进攻性没有

CEO强,是表述权利和利益关系的字眼。"老板"更象征着从属和雇佣,有作威作福、坐享其成的味道。

(3)会长、社长,根本就不具备动态的属性,是"村长""保长"一类的农民大集体思维的延续。

分析了这些,你就可以理解为何美国进攻另一个市场时如同美军入侵;为何中国公司老板特像小皇帝,都喜好坐在龙椅、虎皮椅上;为何日本企业开会时极像村委会。公司的定位不同,心态亦不同;心态不同了,行为方式也就不同了。

值得一提的是,眼下中国许多年轻的董事长们,已经开始从椅子上抬起屁股,变成了美式的带兵的长官;日本的那些年迈的"会长"们也从"维持会长"的位置上起身,开始考虑变革的事了。但是,即使"老板"的心态彻底转成"长官",他们的部队——连队——也才有了一半基础,他们还需要有会听令的具备战士素养的部下,这对已经习惯了游击战术的中国的企业员工们来说,可不那么容易。

以下是最可能出现的局面:中国的"老板"们都将静止的虎皮椅换成了美式越野的吉普,并佩戴着军官的肩章,只见他们手挥左轮手枪,对着由日军"会长"统领的山头振臂一呼:"弟兄们,给老子冲啊!"随着他的一声枪响,他身后的士兵们顿时跳起了陕北的大秧歌。

忠实的与背叛的士兵

一个公司的员工与他（她）所属的公司，真好比一对情侣。既然是情侣，就有忠实的和不忠实的；有搂在一块跳楼的，也有一个将另一个推下而自己不往下跳的叛徒。

背叛公司的就如同叛军，一个公司就好比一个野战排。野战排的枪声之中，总有自己的士兵朝排长的脑门子上开的。这倒还与典型的或是非典型的公司无关。典型的公司如果一个背叛公司的士兵都没有，也就变成了非典型的了。背叛的那一刻，往往在彼此做爱之时，第三者（另一个公司）的情影一出现，甭管是猛男还是妖女，怀中的两者之中的一个，肯定就会动心，动心的动机一肯定，另一方就会被抛弃。

一个连长——公司的指挥官——就仿佛一个看守，要时时刻刻看好他部下那不安的心。

非典型的中国经济快车，以每年增长8%左右的速度开着，按这比例估算，8%的职工队伍，多少都有二心。一个CEO既是一个长官、一个冲锋队长，又是一个大众情人——他要用他的一心，去换得他部下的一心，而不是二心或者三心以及二意。

　　非典型的小小公司,就最怕员工的叛逃,哪怕是心的逃逸。只因非典型太小,只有单一的心房,一心一旦不跳了,公司就会丧"心"病狂。

　　人心啊！人心！

成了光杆司令的 CEO

一

我时常听到竞争对手或是友邻作战的 CEO，在我正诅咒他为何还不死时，突然丢了所有的部下，成了"独树一帜"的光杆。

我当然十分惬意，我还幸灾乐祸，甚至会高唱意大利的《祝酒歌》！

二

我在庆幸和祝酒之余，便会由此及彼地对敌方的 CEO 产生怜悯。

一个正在指挥拼杀（我）的敌军司令，虽然是我的敌人，却也是司令，虽然成了一掷的孤注，但也曾是个"注"——与本人一样的赌"注"。

生意场它为何那般类似一个赌场。

三

  对失去部队的可怜的曾经是 CEO 的人,我来者不拒,我推开"天大"的门说:"暴风雨啊,请你来得更猛烈一些吧!"

  于是乎,但凡打光了士兵成了光杆司令的 CEO 们都成了我门上的食客。

  我敞开胸怀欢迎他们的到来,趁我还有本事收容。因为我自知早晚有那么一天我也会像他们一样先走投无路,然后客死他乡。

  我将成为他人他乡的食客,去做一个没钟可撞的和尚。

  真是可怜天下战败了的 CEO,以及和尚。

像鸡一样好斗的首席执行官

一

天下不光雄鸡好斗,更有首席执行官,首席执行官取代了那时斗鸡用的公鸡,成了公开作战的群雄。

商场不就是一个格斗场?

二

每一个活着的公司,都是一个加强营;每一个营想要制造的,都是一个个战局;每一个营的营长,都是战场的指挥官;每一个指挥官的最终宿命,不外是一成功,二成仁。

我常对手下的士兵说,你们做这个生意的结果不外乎——一则成功,二而成仁。你们在开始以前一定要仔细想想,是选择一呢,还是想要二呢。他们中的大多数听后,都会毫不犹豫地说特想成仁,于是我们的本钱就被他们成仁的意愿拼光了。

三

　　作战（生意）的戏剧性和刺激性，也是争斗之中的拼杀，虽然你杀的有可能就是一个仁兄。好斗之中的智谋，宛如一个个棋局，棋局刚刚终了，又拉开了下一局的开盘。棋盘的千变万化，体现着CEO的智勇。只要还有一子，战果就不好评说。那最后的一子何时下啊……就看CEO最后的那口气何时断。只要是CEO臂上的管子没拔，输液就该继续进行。何时心真的不跳了，遗嘱就是他最后一笔生意的合同。

人无压力轻飘飘

一

根据我在沙场上的观察。一般来说，首席执行官的脸皮，要比次席执行官的脸皮厚实；而次席执行官的脸皮，又比无席执行官的坚固。我特别想说的是，当一个非典型公司的"老总"和主帅，总是要比非老总和副帅的承压能力强。压力来自何方？来自东南西北、前后左右以及天上地下，来自人类、非人类，来自小自然以及大自然；来自非典型的和典型的对手，来自你我他以及"它"——非人的它。

我有一个意大利朋友喜欢深水潜水。他能下潜到海底40多米深，并偶尔与鲨鱼共舞一回。后来他又继续下潜，下潜到连鲨鱼都不敢再往下去的地方——于是他的肚子也就爆了。一个CEO一旦下商海潜水，与我的那个意大利友人的处境就开始雷同，要在水下面对血压、腹压、胸压和心压等压力。没有受过任何一种压力的CEO世上绝无仅有，如有，那可能就如我那肚子已经爆破过的意大利朋友。

当然，讲到此时，我的故事似乎有点失真。

信还是不信，就看你自己了。

二

CEO们的脸皮之所以厚实，我看也是压力使然。受内外前后的夹击久了，那层皮肤自然会肿。一肿，皮肉就难收。CEO当得越大，皮且越有弹性，越接近李宗吾式的厚且黑。但外表虽黑且厚，下面流的血仍红，因为CEO毕竟流的还是人血。人血嘛，总归不是蓝的。绝对没有人性的CEO在世间绝无仅有。这一点我绝对可以用亲历佐证。因为只要是CEO，就不会是单独一人。一人以上做事，便已扩大了就业。世界上最可恨的绝不应是为社会扩大了工作机会的CEO，而是独立撰稿人一类的谁的帮助都不需要且也不给别人帮助的个体就业者，比如此时此刻正在孤立地写书的我。

我现在干的这种勾当，是谁都不用雇佣、谁都不会剥削的，因此我十分自私。这世间谁都去当独立撰稿人之日，也就该是世界上个人主义最猖獗之时，这地球将面临毁灭。

没了CEO，没了领袖、领导者，或者谁都不愿舍得一身剐地干那些个长官、领导和老板的勾当，那将是这个星球的末日，因为毕竟有人需要靠别人的引领而生、而活，而兴旺、而发达或者毁亡后安息。

总之，没有 CEO 们去顶着大地上的压力了，它就会如意大利人肚子似的爆炸。

那些非法的"法人"

一

特显有趣的是，原本在封建社会在我中华大地多少年代里都不存在的一个概念，近几十年来大批地被制作出、摇滚出——这就是"法人代表"。可笑的是，这一概念又往往被误用为"法人"。

我国的"法人"们，也大多是来自民间的泼皮，如我似的。国人共13亿多，眼下1/3都是"法人"，或是想当"法人"，不想当"法人"（老板）的人在中国，可能都是宗教人士。

其实，法人不是人。因被误用，此处只好用"法人"。

二

小小的"法人"们在滚滚红尘中群居或者群进群退，看上去像普通一兵，但眼下兵民已经混为一谈，商与不商已经难以区分，司令与哨兵同哨站岗，司令哪天就会一变而成为哨兵，而那哨兵，不久就会成为敌将。

天下大乱矣。

三

非典型的小公司的小"法人"们，虽然不能与小人同日而语，但也活得晃晃悠悠和战战兢兢，小"法人"们如清末皇位上的小溥仪，都如同儿皇帝，他们的身后都立着手抚大刀的哼哈二将！"法人"的不那么坚挺的脖子，有时是用来挨刀的；那不大壮实的小肩膀子，撑起的是一个硕大民族70%以上的就业。小"法人"们整天忙碌着的，是以亿万人计数的无数生灵的吃喝拉撒，所以我说，中国这些多如离原上野草和牛毛的小"法人"，可是一群不可小看的人物，他们的脖子上小刀嗖嗖，他们的内心七上八下，他们的小心眼没人知晓，他们任杀任砍，他们后无靠山，可他们却是这个社会最最活跃着的一群分子，他们如小草般被牛马任意吃掉，他们一群倒下后一群又随春风而生；他们有被枪毙的，有被抓的，有被唾骂和被痛恨的，可他们却是不可或缺的、不可取代的、不可被置换的、不可被忽视的、不可不被文人记录下来的人物。

虽然他们还不是最可爱的人，但他们却不该是最可恨的人。

就如本人，本人可恨吗？

我常自问。

"倒卷肱"式的进退

一

陈式太极拳中有一招式，名为"倒卷肱"。"倒卷肱"走的是退路，却是边打边退，而且打的凶狠程度，并不比边进边打弱。企业的进退之道，亦如"倒卷肱"，在进中有退，在退中跟进。长征本为中央红军的千里大转移，却高打"北上抗日"之旗号，反而以退变进，大得人心。之后撤离延安，也应该是退却，却直插华北，奔京城而进，也是战略上的"倒卷肱"，在大退中大进，虎头与蛇尾互换。或此头为虎，又彼头为虎；时以一端为尾，时以另一端为尾。首尾总能相顾，首尾自动互换。使敌不知何方为头，何处为尾。

以上不是兵法运用之妙吗？

二

中国的企业，无论是典型的或是"非典型"的，都应效仿太极。太极为国人之绝活儿。绝活儿不用于管理,未免有些可惜。太极的妙处在于柔中带刚,在于混沌般的运行,在于模棱两可。中国非典型企业的状态,也是在于糊涂,在于浑浊不清,在于说不清道不明,在于无章可循,在于无序,在于无理可讲,在于无定路可走。因此,非典型公司打拳的方法,也应如太极般表里不一,也应表软里硬,也因顺势就势,也应能提起放下,也应该退则退,也应不轻易冒进,也该说走就走。

走得像是在"倒卷肱",在"卷肱"时将敌人放倒于裆下。

80/20 理论之新解

西人总爱提及一个 80/20 的定理，说一个组织中 80% 的利润来自 20% 的人力，而剩余 80% 的人创造的只占利润的 20%。这种说法从静态的角度来看似乎正确，但从动态的长久的和全局的角度来说，恐怕就不正确了。那就像一个人一样，人体 50% 的组织，恐怕都是无用的。首先，人的大脑只需 20%，就足以与其他动物的机灵劲儿媲美，其他的 80% 都是多余的。世界上那么多的坏人的坏点子从何而来？还不是来自那过剩的 80% 的脑子。还有，人有一条腿也就足够了，单腿照样可以快走——你坐飞机就行。另外，人的另一个肾、另一个胃、另一个肝，以至另一只手以及另一个心，都是可要可不要的，要二心干吗？当然，另一门心思也没必要。"非典型"公司的最典型问题，就是员工都有二心。

因此，西人说的 80% 的组织成员都是多余的，并非真的有理。二心干吗多余？企业失败时二心正好用上。"天大"的"长官"——我齐天大还在"天大"之外有二心呢，要不没事偷着写这本歪书做甚？

凡事必有存在之合理性。眼下的80%之中就孕育着成为下一个20%的种子；现有支持业务80%的20%，明天或许就是下一个80%的闲人。而那80/20变为20/80的一次次翻转，正是一个企业因外变而产生内变之结局。那个结局20/80再次成为一个新的起点，起点的又一个终结是80/20。

这就叫作螺旋式的转变以及上升。

20/80 背后的天机

一

如果你是一个"执行长官",我如果心疼你并想帮助你的话,我绝对劝你要始终保留那80%,并只让它来替你完成20%的任务。

因为你是搞平衡的大师,你如若留下那由20%员工创造的80%的成果,你必须不动那80%的剩余,因为这是你还能平衡的结构的需要。

这如同你虽穿上裘皮大衣,却不能除去内裤一样,即使已穿上裘皮大衣的你,并不需要那条内裤。

又比如已经起飞到空中的"你"——飞机,并不能上天之后就将那四个轮子用降落伞丢下,虽然已经飞上了天空的"你"(飞机),并不再需要用于助跑的轮子。

我解释得还算清楚吧。

还有就是,已经身着洋装的你,也还是要有一颗中国心,不论你移民多远多久,那颗中国心也是不多余的。

这就是平衡的需要。

二

做好一个企业的老板，你最该怕的不该是多余的那80%，你最该担心的是对你来说最重要的20%哪天不再属于你。因为你全部仰仗于20%之时，也正是那20%最易轻视你的存在之际。这其中的缘由，似乎在于人性。如果一个总统将副总统定位为20%或者1%、指望他能分担80%或99%之忧愁时，那时他作为一个国家的CEO——最高执行官的处境，就已经危难了。

因此明明知道无用，80%的部队还是必须养的，在20%出现危机之际，你就该先砍掉它，然后再从剩余的80%的死灰中，寻求再燃之生机。你绝对不能落入1%～20%的狭窄的依存关系之中。那对于你来说，便可能意味着灭顶，或成为光杆司令。

80%的无用，只能让你的企业低效，或者变穷，但不易让你失去于你最重要的江山。

三

以上纯属"天大"的天机，只能让老板们看，切记，切记！

你一定要养个"备胎"

一

部门，或者业务！

二

作为一个人的你，你若正在恋爱中，"备胎"绝不可养。但是，在 80% 的可要可不要的低效部门之中，你一定要再养上一个可要可不要或可杀可剐的"备胎"部门或者业务。那就如同是人体上的盲肠：你明知盲肠无用，且有时有害，但你身体的组织从出世的那一天起，就带着一段盲肠。你如果不想要那段盲肠的话，那你就要挨上那么一刀，不大不小的一刀啊！

你就会疼！

你就会因疼痛而伤心那个"备胎"性组织的脱离。

只因有时你还真需要它。

三

"备胎"业务,也是指那种似乎可孵化的、可有可无的东西,它占你业务的比例,要在10%。

首先,就像是个"备胎",你会恋上她——这种业务;

其次,你就该掏钱破费了——你会抚养她;

但是你却明知她对你来说实属可有可无,实属飘忽不定,实属见异思迁的家伙。

"备胎"是有望转正的。当主营业务不能继续生存(指不再创造现金流)之时,"备胎"就会——如果她还算有出息的话——立刻补位。

你由此也渡过了又一险关。

拥有"备胎"的你,是多么的幸运!

公司里的"公私"之一

一

私有的公司是姓"公",还是姓"私"?是公众的,还是个人的?要我看,凭我的感觉,这是一个颇难回答的问题,因为一百个开公司的人,有一千个答案。第一,公司的"公"是个"公母"的"公",是个"老公"的"公",是个雄性的"公"。但凡是个公司,就该如雄鸡一样将鸡头高昂着,绝不可低下,除非被别人将头揪掉。也就是说,公司一定要有个视死如归的阳刚之状。第二,公司的"公",又是个"公共"的公,只要是个公司,只要公司不是一个人开的,那个公司也就是面对公众的了。因为它是一个由除了法人代表之外的公共分子参与的团队,别管你管那些个参与者如何称呼,是叫"打工的""同事"还是叫作"儿孙"。总之,除你之外的一切人都是属于社会——这个公共的部分。因此,无论你的企业是私企还是公企,只要是沾上了"公司"的边,你就已经涉入公共领域,你就已经不再是你一个人了。你就已经被"公共"化了。

因此，虽然你自认为你的经营行为是私自的，你却自觉不自觉地为这个社会打起工了。

你总爱说别人在为你打工，而你却实实在在地为公众打工。公司开得越大，雇佣的人越多，你为之打工的人群越大，人数越多，你失去的自由也就越多，就越身不由己，你就十分容易地想起跳楼（如"现代"的郑梦宪）。开始我并未十分清醒地认识到这一点，我特别羡慕那些身后跟着一千人、一万人的老总们，误将他们认作军长和师长。后来我当上班长，我的小部队也有上那么十几个人和十几条枪了，我就特别自以为是，认为当上班长之后，马上就可升为排长：再招上那么几个班长不就够啦？排长当得不够过瘾，我就可以再升上连长……直至军长，以及司令，就像是《沙家浜》中的胡司令一样，开个"忠义救国军"样子的跨国集团公司，一脚跨过东亚，把公司的总部和财会部设置到巴格达去……

总之，我开始时野心是贼大哩！

二

过不多久，我就知道我错了。在我的部队扩招到两个班时，我开始感觉到腰酸背疼，还有心悸。一开始，你看那么多个用看老板的小眼睛看着你时，你特别感动，你认为你终于成功了，你万幸地变成了成功人士。后来你知错了。因为待到了月底，你发现你那几个班的人马的小眼睛就一天天变大了——那是在说，你该发饷！

你那时便有些犹豫，犹豫你当初为何如国家扩招大学生似的大规模扩招。于是你特想在该月的最后一天对大家深鞠一躬说："真不好意思，我月初时不该错误地让你们都来，因为我这个月的后屁兜里没那么多钱啊！"

但为时已晚。两个排的士兵，足以将你击毙：此时的你的"私"企，已经是"公"的了；你如不发工资，便犯了众怒。何谓众怒？"公共"的"怒"是也。

所以我开始就说，你一开上公司，就必然是个"公共"的、公众的，瞧连你惹来的愤怒，都是"公共"的！

并不好玩的猫鼠游戏

一

母公司对子公司、孙子公司们的监管问题,一直是个头疼的问题,这一点本人最清楚不过了。因为我在当一个孙子公司的头目的时候,也就是"天大"的前身,那个"儿子"——我的上级公司,就没能够成功地将我主管的那个孙子管住,最后我闹了独立,并生下了"天大"。从那个别的跨国集团的孙子,到将"天大"弄成我自己控股的亲生儿子,整个过程只是一次见异思迁,也就成了,而且将"天大"一直养到了今天整整5岁。

我的"天大",是造了洋人的反、闹了民族的独立后降生的,是由于母公司对子公司的失控。

所以我知道这其中之事。

二

后来,"天大"也有了外遇,在"天大"成年后的第二年,生下了一个"儿子"(子公司)取名"大天"——由此"天大"与"大天"之间,就又产生了猫与鼠、大盗与小盗、大偷与小偷……总之,形成了母子之间那传说了许久的管控问题。

"天大"在京,"大天"在沪,京、沪二城本来就有闹,沪当京的儿子,必然会令当爹的头疼。比如,我从"天大"中选拔了整整三轮后才拔出来的那个生于京长于京发情于京的京味的经理,到沪后未满一年,就在回京后指着京城里那条新改建的昆玉河,皱着小眉头不屑地说:"你看你们北京的这条小河,充其量只能行条小破船,再看我们上海的那条黄浦江,走的都是万吨巨轮!"

我心里暗骂这厮白白喝掉了小半辈子这昆玉河中的污水,到那沪没一年就不再识相了。出于维护母公司对子公司管控的尊严,我笑而答道:"咱这昆玉河中也是走得万吨轮的,只要那轮别太巨就行。昨天,我还眼瞅着一条万吨轮吱溜一下就从玉渊潭溜到昆明湖里去了。那速度快的啊,除了我别人都没看见!"

"啊!是吗?"我派到沪任分公司经理的北京人半信半疑,并有些痴呆。

三

　　猫与鼠的游戏,既存在于上级—下级、领导—被领导、老板—被老板、打工—被打工之间,又存在于母子、父子、大国小国之中。猫总想捉鼠,鼠老想跑,猫抓累了,就想歇息,老鼠被捉烦了,就也想当猫。子公司一旦被母公司惯坏了,就想反客为主,或是独立。所以天下开公司的,开多少个分公司、子公司,头上就多几缕白发。儿子多了不仅不好养,而且还想造反。"天大"就是这样。"大天"开得越久,我发现"大天"的经理们交的女朋友就越多,而且给"天大"寄来的账单就越厚,有的账单上竟然还有女人口上的红印。"那叫口红!"——我公司的一位女财会给我解释说。"哦……这就是那传说中女人用的口红啊!但它的印子为何落到了咱们卖集便器的沪上主管的饭费单子上了?!"

　　于是,我才开始意识到:我又多培养出一个专吃马桶上女人口红的饭桶。

　　可同情的猫和可怜的鼠啊!

点杀典狱长

一

"点杀"是指活杀，比如点鱼点虾，再或是点人。

老板有许多种，有一种人像我，属于放羊式的，被我管的人都特像羊：羊一般的没脾气，羊一样的人见人想宰上一刀。

"天大"的人，都贼像小肥羊。

二

还有一种特像老虎的老板。我在当放羊的老板之前所遇到的所有老板都仿佛老虎。一般说虎毒不食子，而我以前碰到的所有老板却专门食子。你说我倒霉还是不倒霉！你说那种老虎该不该被杀？

那些老板在办公室里走动时，都贼像监狱中的典狱长。而我们那些员工呢，就也像是在服刑之中。记得有一次，我在加拿大的一个名为"自由万岁"的有限公司做工时，那人见人怕的犹太裔老板娘十分猛烈敲击正在如厕的我那间厕所的门，并喊："What are you doing there？！（你小子在里面干什么呢？！）"我听后怒火万丈，因为我的那一泡尿尚未尿完，我正在"尿ing"（尿的正在进行时），她却在门外骚扰。况且她是个老年的异性。我先将尿收场，然后狠命推门而出，见到她后，我立马堆起一脸万分幸福的微笑说："莱薇太太，我刚才在里面随意呢！"

她听后才终于明白了，并使劲赞许说："Good！（那就好！）Very good！（那太好了！）"

三

以上是那类典狱长式老板的特例，虽然那对于我来说，在那时十分习以为常，就连现在，在中国，我一见那些典狱长式的老板用一张如虎的脸对员工们发话，我在一旁看到，仍将那些难看的脸误以为朝向着我。我还会先紧张，再赶紧照吩咐行动。在别人再三提醒之后，我才会清醒过来，并知道自己刚才是搞错啦：这里已是中国，本人也已翻身做主，如同歌中唱到的那些翻身农奴。

中国的小老板多如牛毛，兴许就是出于某种情结：有一直被人折磨的，有一直想折磨人的；有一直被虐待的，又有一直想虐待人的,由此产生了那许多的想虐待人的老板。你别管他们的生意大小,只要是能管教别人了,就拿起鞭子以及警棍,就有了看守的风度以及典狱长的严肃。

四

看不惯典狱长,终于获得自由的我,刚被戴上顶"老板"破帽的我,就马上放开了羊。由我牧的羊,都比牧羊人还壮、还威武、还有为虎作伥的野心和欲望。为什么?可能是因为我这个羊倌的皮鞭从未轻轻地落在羊的身上。

公司里的"公私"之二——"江山"

一

下面用正经的口气,说点大道理给你们听。

二

公司的公与私,要我来说,有大公、小公、大私、小私之分。对于一个经营者来说,他就像大赌场中的庄家;对庄家来讲,最大的私,是那个"游戏",别的他都可以丢,但游戏本身却不可不玩,他不能让游戏结束。打牌时可输可赢,但不能将牌局停下。所以,对于一个公司的最高长官来说,最重要的,并非是生意上每单的输赢,而是将那个局——公司永久不停地开办下去,因为公司一旦不复存在,再大的赢局,也不再归他所有,再好的商机,也将旁落他人。

这个局——不停的局或曰局面,应是一个 CEO 或经营者引以为重的——重中之重。

这,是他的"江山"。

这,是他的命根。

三

在西方语言之中,"江山"一词可能没有十分确切的译法。因为这个词汇连带着中国几千年封建社会的遗传,连带着改朝换代的理念——这些都是咱中国人所独有的。但"江山"一词,我窃以为,却可用于表述那个小老板们日夜担心丢掉的家伙。

何为江山?是长江,还是泰山?或是喜马拉雅?我不得而知,但江山易改,老板难当。老板什么都可丢:可丢钱,也可丢人,甚至可以丢脸,却不可令那江山改变颜色,或是使其改朝换代。因为那时的老板就已不再是你老兄了。

所谓的江山,可能是指权力,可能是指组织,可能是指由一群人集合而成的一个以谋利为目的的团体。反正,它是个实打实的、可触摸可表白并可测量的东西。

如何测量——如果你是个小老板的话——你那公司的"江山"是否还属于你呢?我倒心生一计,你如果在一个员工如厕时使劲敲击那门,并狂叫"what are you doing there?!"(你在里面干什么呢?!)倘若那个员工出来时,是笑着跟你说话的,那么,你就还是你那公司"江山"的主人。如果他在出来后没对你笑,而是大吼一声:"我刚才……是尿尿来着!"

那么你那个小江山,小朝廷……显然就已经易主啦!

作为首席执行官——你不能不懂得兵法

一

道理自不用说,因为你是个长官,你是个带兵打仗的长官,执行你的命令,不是去生,就是去死,你不是在"执行着"使别人生存的使命,你就是在"执行着"让人去死的勾当。

商场如战场,战场上每道命令,都会令人倒下,倒下的不是敌军,就是你的士兵。作为总裁,你不是总"裁"敌人,就是用"中正剑"自裁。因此说,带兵的,不知兵法就如同傻瓜,就会早晚自刎,而且难以成仁,所以我说中国的CEO们,人人都该怀揣一本兵书。

二

洋人写的那些管理学军事学方面的书,比如德鲁克的,比如克塞维茨的,我劝你,既可看,也可不看,看一看是可以的,但绝不应该放在眼睛里拔不出来。因为那些个书,我以为，并不太适用于中国的小企业和我们这类的非典型的公司。写那些书的，大多是爱写交响乐的奥地利人。交响乐玩的是什么概念？是"大系统"的概念。一部交响乐，即使你心灵寂寞地听，一直听到那最后一个乐章，可能你都听不明白，因为你在中途曾昏睡过去。一般经营非典型公司的中国土特产的CEO们，是不太听明白交响乐的，因为他们头脑中的思路，太不容易连贯；因为他们的思绪，太容易被打断；因为他们的心思，太容易出现混乱的局面了。

因此，我劝他们，不要过多地去读洋人写的管理读物，要死心塌地将那些高深的洋饽饽留给在大学教书的教授们去死啃。

三

非典型公司的指挥官们呢，要读，就要去读咱老祖宗写的那些兵书。你们看，我手中就一直捧着一部兵书。我在下达每一个"开火"指令时，都像新婚宴尔的夫妇那样手抚如《圣经》似的兵书，先看看孙子是怎么说的，再看看庄子是怎么想的，当然，也要听听老子的意见，见他们三个都没什么异议了，才敢下达命令，嘟哝着说："那就开火吧！"

我那时的声音，还特别的轻柔哩。

四

进而你更要知道，中国古代的大智者，不光是孙子和老子，还有更精明的，比如吴子（吴起），另一个孙子（孙膑），还有尉缭子，还有那个写了《六韬》的姜太公姜尚。这些都是人中之人和人上之人。我更有一部重量级的《中国古代兵书大全》，可能有十几公斤吧，因为是精装本的，所以我在发出做一单生意的战略总攻的命令时，屁股下面，是有着集成的兵法垫了背的。

当我说"开火"的时候，你听到的，绝不只是一个21世纪的现代伟人（俺绝不是！）的声音，而是从春秋战国、从三国、从五代十国、从大清国、从奥匈帝国、从微软王国……一同发出的"开火"（Fire!）的动静。这其中的动静，一动，一静，真可谓玄矣。

因此，近日，当我在手抚那些个兵书与一个朋友大谈中西兵法之妙处时，他脑中盘算的是这样一句话（我猜是）："齐天大这几年的生意越做越臭，可说起兵法来倒还是一套一套的嘛！"

那传说中的《齐子兵法》

一

你可能根本就没听说过有一部什么《齐子兵法》吧,其实我也是才听说的,因为这个名字是我今早晨才刚刚想出来的。

二

《齐子兵法》绝非什么旷世发明,其要诀只将古人的几种兵法,如《孙子兵法》、"老子兵法"以及"庄子兵法"来个 21 世纪的重新排列组合,将其归纳为《老子、庄子、孙子兵法》。这种说法你已在本书的开篇时已多少耳闻。它虽为剽窃,而且你也会否认庄子和老子曾经写过什么兵法,但你可莫要忘了,那个庄子也好,那个老子也罢,他们是干什么的?是教你怎么活着的。那么"兵"为何物?是活人征战用的器物——兵器,或是指打仗的士兵。无论什么样的兵持何种兵器作战，前提需要一个，那就是他们必须是活着作战，而一旦死了，也就成了烈士。因此凡"兵"，必然是指活物的兵；凡"兵"，活着，就该知道怎么才能活好，知道怎么才能好好地活着，就该知晓《老子》《庄子》之中有关如何活着的哲理。由此说来，用《庄子》的哲学态度武装着的兵，就等同于用庄子兵法作战；用《老子》的风范"杀人"，就该是老子兵法的徒儿。老、庄的书虽非兵法，却不逊于兵法；二人虽非武夫，却有倾国倾城之术。看他们二人，在不言不语之中"杀人"——何其"毒"也！

三

《老子、庄子、孙子兵法》算是本人的发明，因此戏称之为《齐子兵法》。"子"为先生之意，非吾好为人师，实因天下发现此三者之关联妙处的，尚未有第二人。连孙子都能被人叫作"先生"，老子莫非连孙子都不如？！

哼！

四

老、庄、孙三者之组合，远大于老、庄、孙每个个体。老子是单干户，庄子、孙子更是打单帮的，他们三人生时未能谋面，本人却在两千多年后将三者合而为一、汇入一炉。老和庄为柔，老庄加孙子为刚。老庄好退，孙子好进。老庄低调，孙子高调。老庄为刀背，孙子为刀刃。人的一生，若总为老子、庄子，则活得一天不如一天，但总学孙子用兵，也最终会落得四处树敌，莫如将三者来个"三合一"，以老庄殿后，用孙子开路，打得赢就打，打不赢就撤，实在不行，也学老子骑驴看唱本——远走他乡，到天国去避难。

《老子、庄子、孙子兵法》是不等同于老子庄子那二人的搭班方法的。那其中缺少孙子式的杀机，那是给文人士大夫提供的入世、出世药方。士大夫大都不会舞刀弄枪，更不会排兵布阵。老、庄、孙子——是给大将军、大 CEO 和非典型小老板专配的药方，可使他们在万骑之中取敌之首——连手机都不用——佩带！

五

《老子、庄子、孙子兵法》的另一妙处是它的任意组合性。老子可庄（装）——孙子，孙子也可变——老子，二者的辈分可因需要而调换。"庄"亦是"装"。"庄孙子"，既是庄严、庄重的、正经的孙子或者老子，也可为"装"的孙子或是老子。"孙子"为何物？是兵、是枪、是利器，是用于"杀人"或赚钱的手段。"孙子"这个器，既可为真，又可为假，可为"假装"的孙子。它那样就不是真正的兵器，而是《红楼梦》中所提到的——"银样镴枪头"，是假货一样的兵器。

六

我们现在已真正到了归纳《老子、庄子、孙子兵法》的时候了，此乃中华民族在韬光养晦了多少年后非要理清的重大理论课题。什么是一个曾经那么强大的如吾中华的韬光养晦之策？不就是我刚说的"老子、庄子、孙子"吗？

你为何要为公司关门而哭泣

一

没有老子的老谋深算,你这个CEO就会吃喝。

没有庄子的天真无邪,你这个CEO就会变坏。

没有孙子的勇往直前,你无论是老谋深算,还是天真无邪,你都不会作战。

因为三子之中,只有孙子是懂兵法的,是善于打仗的。

而最后,如果没有齐子——我的撮合,你即使会打仗也打不赢,最起码,你不会总赢。

《孙子兵法》虽然教你如何作战,却没讲到过"可持续性发展",没谈到过作战能力的连续不衰,而老子却教了你。老子让你无为,让你在唱不了高调时就保持低调,因为你的企业/部队绝不可能总处于高潮。在失去了高潮时,你必须做的,就是如老鳖那样将脑袋收紧,将公司/部队的攻势放缓,你要让你的对手当真地将你看作是无为的,而且是永世不再翻身的。这就是你这个CEO休养生息之时,是你委曲求全之日,也是你东山再起之前。

谁说当年那个老子真格地西出函谷、远离人世了,他其实根本就没走出中国,他先变成了一只蝴蝶——飞了回来,又转眼变成了庄子——让你看他那一脸的天真以及无邪!

二

一个部队/企业的长官,必须有天真的一面,你必须时不时地浪漫。浪漫不会让你太死心眼,浪漫让你能撒手就撒手,浪漫让你想关张就关张!

作为一个CEO,你的使命虽然是玩命使你率领的那支部队不散,虽然是想尽各种招数不让你的公司倒闭,但它真该倒时,你也千万不要伤心,你要有庄子老婆死了还击缶而歌的大度。人家都丧偶了,还没自寻短见,何况你才丢了一个公司?

公司,我早就说了,本来就是你一半(私)、社会一半(公),你的没有了,社会的反倒成全了,你又何必为之那么伤心呢?

那无所不包和无处不在的兵

一

兵为何物,为何管理一个公司要研习兵法?

兵或可为"兵器",或可为"士兵",或可为"战争"——以上是最通常的解释。

二

但是,在一个大将军(CEO首席执行官)手中、眼中的"兵器"概念,却绝不可仅限于这三者。何为"兵"?"兵"乃道具是也,是为达到某种目的、为实现某一目标所能和所应调动并使用的所有器具手段。为了一个公司的发展、生存,CEO的眼中应该处处是兵,随手为兵,随意为兵,随心为兵。

钱,可为兵;员工——人,可为兵;桌椅板凳可为兵,大风降温的警报可为兵,敌人(竞争者)的谣言可为兵,本公司的弱势、逆境、绝路也可为兵;手机,可为兵,不要手机，也可为兵；装傻充愣，可为兵，大踏步撤退可为兵；没有钱可为兵，没桌椅板凳可为兵，没大风降温，可为兵，没有的谣言也为兵；手机丢了，可为兵；中国宇航员变成了太空人的消息，可为兵；911，可为兵，922—933——都可为兵；写书，可为兵；不写书，亦可为兵；成仁可为兵，不仁——还可为兵。

是人，可为兵。

不是人，亦可为兵。

兵法之法，在于将任何可支配、可调动之物，以其最适合、最巧妙、最高效的方法管理、支配、交配，并使之产生它们为之效力的集团（公司、部队）中的最佳效益。

这里所说的"效益"，是广义的。放在公司时，是利润，放在军队中就变成了杀敌的数量。一切经营、军事活动追求的最高境界无非是以小博大之妙。这是衡量一个CEO、指挥官是否会运用兵法,其运用境界高低的一个最佳测量尺度。比如，你是否会：

（1）用一元钱，去换一百万元；

（2）用一人之头，去取万个人头；

（3）用一人之智，去斗百人之智；

（4）用一颗丹心（如我的）去拯救数人之灵魂（"天大"之魂）；

（5）以一国敌十国；

（6）以一城换百城；

（7）以一指，改变地球的风向（如毛泽东、邓小平，他们让东风压倒了西风）；

（8）以一本小书，令千百万人大彻大悟；

…………

三

当然，刚才当我谈到第八项用兵的奇迹时，我即使不说，你们也会知道那是指——这一本书。

会用兵者，满目皆兵也

一

　　一个好的——我本人式的CEO，应该满目皆兵。以前的用兵者，只会使敌人的眼里满目皆兵，而我以为一个CEO——统领的眼中也应尽是兵。你要做的，你应该学会做的，是调用一切一切的"统统的"力量和因素，将之像和面似的揉为一团，加之以任意的作料，使之中和，使之为你的目的所用。你应达到的，是别人不可达到的境界；你应做的，是别人在同等的状态下想做都做不到的事；你所产出的产品应该是，别人即使按照你告诉他的同样的方法炮制也炮制不出来的、令人匪夷所思的奇迹。

二

　　世间的生意，本无大小之分，世间的事物，便不可用同样的尺度衡量。大生意，大做，小生意，小做；有大本时，做大生意，有小本时，做小生意。你无本时，可做的是无本生意。"本"就是虚无之物，本既带不来，又携不走，人最有价值的本钱，乃是你的八尺之躯，即便你的身躯不如本人这般高，还不到八尺，但你好歹也难将之带到棺材中去。

因为眼下实行的是火化。

所以，你一定要在做生意、当 CEO 时，像庄子一样地想得开。

三

在神兵的眼中，凡触目之物，即是兵。你眼中的兵如多于你的对手，你的对手就会甘拜下风。

在毛泽东的眼中，百万民众是兵，而老蒋却视而不见。

即使老蒋也将山川视为兵了，也用于盘算之中，却不如毛泽东能使之呼之即来，挥之即去。这就是用兵的高手与低手之区别也。

也就是说：

（1）如果你看见了"兵"，能使役之，而别人没能看出，未能使役之，那在同等的条件下，你就会胜；

（2）你看到了那"兵"，以之为工具，你的对手也看到了，亦以之为工具，但如果你能比你的对手更会调动、运用那个"兵"的话，你就会取胜。

此为《齐子兵法》之两大要诀，请你千万不要忘记。

四

在"天大"员工之中，有一个有趣之事，就是没有一个人认为另一个人是人才。例如，老富说老洪是庸才，说老洪已年逾五十，而且说话透风；又例如，老洪觉得老富更非人才，在"文革"中小学毕业，参与了打砸抢，还有，他二十年没坐过火车。

六姐，虽然也是来"天大"之后才坐过火车的，却也说老洪、老富都是古城遗址公园中的破砖，都应用来砌古城墙。

另外，在上海分公司我那哼哈二将的眼中，连CEO齐天大都远非人才，更不要说北京总部的如六姐、老洪、老富式的古代墙砖式的人物了。

但是，在我的眼中，"天大"的所有人都是天才：老富是天才的保安，因为他练过十年八卦掌；老洪是天才的挡箭牌——在对付难缠的客户时——因为他天生地会皮笑而肉却不笑。

六姐虽不会坐火车，却会坐飞机；小华尽管掌勺十年，却能当财务总管，因为她当初切葱时总是切得特别精细。

至于CEO齐天大嘛，别的咱不成，那"板城烧锅酒"嘛，倒还是可以喝一点的喽！

生意就是寄生虫

一

任何一摊子生意,就仿佛任何一个勾当一般,都是短的。

它们寄生的,都只是一档子事,一个缘,或一个偶然的成因。

Microsoft——微软寄生于 Windows;GE 早先寄生于灯泡;麦当劳寄生于汉堡包和你我的肚子;肯德基寄生于鸡。"天大"寄生于"巨无霸"牌大便集合器。关于以上这些著名的企业和它们所寄生的母体,我想,作为一个合格的 CEO,你是应该早就知道的。

二

公司是个寄生虫。凡是寄生虫,就不能没有母体。凡是母体,就都有生死之说。所以,你的公司,它只是个因果之

"果",是个因偶然因素被下到这个大千世界的蛋。生下它的,通常是CEO的一个创意(精子)外加市场对它的需求(卵子)。但,单单是将其生下,你这个当父亲的还不能罢手,因为你的儿(或女)随时都可能夭折。它(你的小公司)可能是个老鳖,与老鳖一样万寿无疆,活得比你还长(如GE与其创始者的寿命相比),也可能生下来就死,还可能会让你经历白发人送黑发人的不幸。世人创立的绝大多数的公司,都是死于它们的创始人离世之前。我齐天大而今才刚过不惑,就已大惑不解地为我的3～4个儿女(公司)送行(关掉了),你说我还能——不痛哭流涕?

我现在的这个儿子——小"天大"才活了不到5岁,我一定要百尺竿头,再跳(蹦跶)上它一回,一直将革命进行到底,绝不在有生之年再为"天大"送终!

譬如朝露之母体

一

曹操曾在赤壁大战前高歌道:"对酒当歌,人生几何,譬如朝露,去日苦多。"

作为生意寄生的那个"缘"——项目(project),亦多短命。其命运亦如朝露,一般有效产品(指能保持30%以上毛利)的高盈利点的延续时间,都难以超过三年。三年之后,追兵(竞争者)必至。三年过后,倘若你尚未能在你所经营的那个项目之上再抽丝出新的项目(如茧那样),你那摊子生意所寄生的母体(原有项目)必然无法支撑你的那个小小集团(指小公司)的运营。

所以,在开放的公平竞争的、供给大于需求(产品及资金)的现今社会中开船,你这个船长的足下也只有薄冰(兵)了。

你前有悬崖,后有追兵,你唯一没有的只是永久的太平。

除非，你放弃那个营生。

除非，你下令你的大兵，全都放下武器，而投降——回家不干。

二

一个CEO的真正使命，就是永续不停地为你的那个寄生虫式的集体寻找可不停地寄生其中的妈妈。

原有的妈妈（母体）死了，就去找后妈；它的后妈咽气之后，再去求它的狗娘，连狗娘都养不起它的时候，就想方设法地去让它认贼作父。但无论如何，生意它不可成为无本之木和没爹娘认领的孩子，它绝对万万地不可无一处寄生！

这是千古之经营之道，正是所谓：皮之不存，毛将焉附。可赢利项目，就是一个公司（毛）所附之皮，就是由一群人集成的所谓的公司，或连队或社会或"会社"的着陆点和寄生处。一个首席执行官的首要任务，就是坚守或扩大你那个团队存在于其上的那块皮。那实在是不太容易，因为与你抢那块皮（市场）的如牛毛、猪毛、狗毛一类的毛（公司）太多太多了，多得如你的毛！而且，在坚守你那块"皮"之时，你还要不断地用眼神去看别处，看还有无处女似的新皮——可供你的公司的群毛——寄生。你要不停地寻找和创新，你要不厌其烦地寻找——即使那当真是十分令人厌烦的事——一种更新的产品、一个毛利率更高的稀缺性东西、一个新的从没长过猫毛狗毛的新天地！

总之，你要为你那群孩子——哪怕他们那么不孝——在没妈时找到一个新妈！

我知道，这对于一个那么忠诚于爱情的你来说，真的很累！

三

既然那个项目以及项目下的产品，对你是那么重要和来之不易，你就绝不可对它的内容太百般地挑剔，你要对它出于本能地产生溺爱。

就拿我来说吧，为了我的儿子——"天大"公司，你知道我是多么由衷地、从骨子里挚爱我们那个"巨无霸"牌集便器吗？

每个老板都是在玩着命的

一

从以上的分析中,明眼人便可看到天底下的老板们,都是玩命的。他们不在乎与几个有生命的东西在拉拉扯扯,在拼拼搏搏,在你死我活。比如:

(1)产品的生命;

(2)公司/部队的生命;

(3)人的生命;

(4)名誉的生命,指产品/企业的灵魂以及外在的包装和寄托物,如品牌。

还有,许多许多的命。

为何要与这些家伙拼命?因为这些家伙都像天下任何一个有生命的东西那样,有着生命的周期。产品有产品的周期,技术有技术的周期,名声有名声的周期,灵魂有灵魂的周期,人有人的周期——有人管之叫"更年期"。这些个周期性的东西无非是从生到初长成,到成熟,到衰竭,最后到想死。

不要误认为一切生命的尽头都只是一个死亡，如果它们——由你组合成公司的所有成分的所有归宿——都只是一个"死"的话，我劝你立马就宣布你的公司倒闭，因为你的这一辈子——做企业家的一辈子也就没什么意思了。

你要知道，这世界上有些家伙是任何时候都不会最终灭亡的！

大多数组成公司的东西——除了你的小命之外，都有可能不死，或者说倘若CEO采取一些措施的话，都有可能得到"长久性"的永生。

我之所以在"永生"之前铺垫一个"长久性"，是因为最终那些家伙，也许还会死掉的——如果这个地球它先死的话。

二

在一个企业以及一个广义的团队所涉及的众多元素里，会死的、不会死的共有这些：

第一，会死的包括：CEO，公司中的桌椅板凳以及军队中的步枪，你欠人的、人家欠你的死账，你的员工、员工们的家属（没有恶意），你的竞争对手或战斗中的另一方，等等。

第二，可能会死但也可能不会死的：品牌，产品的配方（如可口可乐的），被广为应用的经营模式（如沃尔玛的，同仁堂的），那些富有传奇性的创业故事，等等。以上这些，都有可能会不死，或者晚死。可口可乐的品名以及配方可能会很长，长到随着地球的毁灭而毁灭，除非哪一天人们吃惊地发现它那神秘的配方完全等同于某种有效的杀虫剂，并证明了人类假如不喝可口可乐的话，便很可能会将平均寿命延伸到500岁。

肯德基作为一种很难彻底死去的、在目前来看还算成功的经营模式，它其实是非常缺德的，因为它使天底下的鸡都生活在惶惶之中。如果哪天它（肯德基）也有寿终正寝的那一天的话，就极有可能是被天下的公母鸡们给诅咒死的。

三

由以上观之，你的公司中每天都在发生着错综复杂的死、正在死、不死之糗事。它们都是在不知觉的状态中相互发生着作用的，比如，你在一天天变老，你的员工，如老富——老富比你还老——都在一天天奔向死亡（指他们的肉体），同时，你们所创立或推广着的产品在一天比另一天更具有生命力，你们所创造的品牌会因你们的死命推广而永生或起死回生。那个肯德基上校十分不情愿地死了之后，他创建的"鸡"业却在全球火爆起来，并由此导致了每日数以亿计的公母鸡突然死亡。

四

CEO和连长是干什么的？老板何许人也？不就是与这些众多的、数也数不清的生命的周期玩命的吗？他们与它们拼着命，以求它们不死、慢死或者死而复生。CEO们要延缓产品生命周期下跌的速度，要在其死期到来前发现新的有生命力的产品；他要尽量使以老洪、老富为代表的老迈员工推迟下岗或退休的时间，要与他们40、50、60、70的生命周期打阻击战；他要用永续的创新精神拼死使公司的寿数延长，使之不在他本人还没死前被勒命停牌，使"江山"永不变色……但即使他们使足了全力，也可能无法使他们创造的企业长存，那么，他们也就只有效仿阿Q，以精神的胜利法谋求永生了。

倘若有一天"天大"不复存在，我还在活着，倘若那时有人问我"天大"究竟存活了多久，我便会说："与日月同辉。"

因为我因"天大"的存在而写了这本小书。又过了不知多少年后，有人在某日某时手指某家某户的一个已经破烂到无法集合大粪的"巨无霸"牌集便器万分恼怒地说："我知道卖这个破马桶的公司名叫'天大'，那可有名啦！它的老板就是那个写非典型公司管理手记的小子。他的书刚一上市，你猜怎么着？那个公司就立马关门啦！"

那东藏西躲的奶酪

一

　　前些年美国人出了一本"疯行"全球的书,名为《谁动了我的奶酪》。那几乎是一个宛若童话的故事,书也是以童话的样式四处游玩着传播,一直传到我们"天大"公司。于是,我立即下令人手一"奶酪",而且每人的嘴中,都必须在上班时塞上一块"奶酪",而不是"臭豆腐"。
　　真是"气死"人。

二

　　那本书中的道理讲得是没错的:老鼠们如果只是坐等别人给它们喂奶酪的话,就会终究有一块奶酪都吃不上的那一天,因为很有可能那时没人再给它喂什么奶酪了,而是给你喂上一口鼠药。
　　首先,话虽好说,事却难办,对于一个"天大"一样的非典型公司——既不靠政府又没洋人支撑的小麻雀公司来说，特别值得一提的是，我们从来就没吃过别人给喂的任何奶酪，别人给我们喂的只可能是鼠药。

这是"非典型"公司的十分典型的特色之一。

其次，奶酪虽好，即便有人给本公司奉献上一两口非毒品的奶酪，也有一个配套与适应的问题：

（1）老洪他净吃鸡蛋打卤面；

（2）老富他连鸡蛋面都不爱吃，只爱喝贼稀的，并不坚硬的粥；

（3）六姐她更是仅食极臭的豆腐。

换句话说，尽管我把法国人、美国人爱吃的奶酪，喂到"天大"人的嘴里，也可能被他们排斥，再说奶酪也不是什么好东西，那是给洋人和老鼠吃的，而且还贼臭。

同样的臭，我赞同六姐说的：咱还是吃那北京人做的臭豆腐才有民族气概！

三

如果再将民族不民族的事挂起，单从生意的角度来说，我想去找一块新鲜的、可用于给"天大"贫瘠的产品线充饥的奶酪，别管它香与臭，也是极难的。

因为天下已到处是鼠！

因为每只鼠都四处瞎寻着奶酪!

因为那些如"天大"样已经穷凶极恶的老鼠们已经因为那本美国人写的破书,都预先知道了奶酪将不再好找的消息!

它们都贼忙。

也都贼凶狠地四下搜寻着本来就可能已经被分光了的奶酪。

什么是奶酪?

就是新的商机、新的可赢利项目、新的投资、新的股东、新的有魅力者以及新的傻瓜。

而今呢,还有比找一个傻瓜更傻、更难的事吗?

那伟大的"天大"公司精神

一

德国的那个哲学家黑格尔，在他的《历史哲学》中曾谈到过许多的"民族精神"。关于这一点，我曾与老富、六姐、小华探讨过。他们都说对，说既然一个德国鬼子都有"精神"在支撑，那咱"天大"的中国人，又何必不要那一点精神呢？

听了他们的一番话，我真万分感动，我想老天他小子可真长了一只慧眼，一眼就看准了在"天大"的老富、六姐等人身上正使劲放射着某种来自德国的古典主义哲学的精神。

用这种精神贩卖美式的"巨无霸"牌集便器，我们焉能失败？

所以"天大"永也不败！

二

但是，鬼子却不幸进村了！

我是指发生在今年（2003年）的两件能使"天大"丧命的大难。

大难一，是美伊开战。

大难二，是开始写这本书时暴发的SARS——非典型性肺炎。

本来，萨达姆地位的升降该与美国制造的集便器风马牛不相及，却不知为何，美国的"巨无霸"总部却横了起来，涨了"巨无霸"马桶的价格。我问其究竟，美国佬解释说由于该公司是一个享受政府补贴的赔本型企业，美国政府的钱，都用到伊拉克打萨达姆去了；政府的财路断了，不涨你们中国人的价，又涨谁的价？

在我把这些情况向"天大"人解释后，老富先急了，说他们美国佬再给咱涨价，想逼咱走上绝路的话，我就第一个报名当兵上伊拉克前线，以解咱"天大"的燃眉之急！

我听后是多么的感动啊！

看，"天大"人的精神是多么的可敬！

三

SARS 来后,我让"天大"人全撤离前线——销售中心。

没人买集便器了,人们只买口罩,两个月下来,公司又支撑不住了。于是六姐急了,她想出了搭口罩卖集便器的方法,并连口罩都不戴一猛子冲进一个小区内搞门对门、口对口直销——那可是 SARS 正在肆虐的几天啊!

于是我又受了感动,我急电令六姐赶快撤出别人家。结果六姐根本就没听到我的劝说,最终被当成 SARS 病人架进了一辆 120 急救车。

我就更受感动了!

多么好的"天大"战士啊!

我不禁痛哭流涕。

我率领的其实是一支"工农红军"

一

从以上几个案例你可能已经看出——我率领的其实是一支"工农武装"。

我本一介公共管理硕士（MPA），我本粗通政府管理之道，却未去政府，也未上衙门，而自己打造了一支由曾是农民兄弟或是工人姐妹组成的小游击队。

这就是本人的小小本领。

二

父辈也是农民的本人从来认为，农民队伍是中国这块土地上最可爱的一群人。

土地，为万物之母；从母体中直接摄入养分的人，也最富原始性和质朴性，因而也就越具备人性初始的德行。

工者，造物之行为也，能工巧匠高于四体不勤的读书人之处，也是他们原初的造物能力。"天大"是一支由城市的工人及乡村来的务农者组成的队伍，我戏称为京城的"工农红军"。本人呢，则是这支"红军"小分队的创始人及精神领袖。我这个司令带着这样一支由老富、六姐、老洪等任团长政委的"红色劲旅"，抬着沉重的美式马桶，穿行于洋人扎堆的国贸商城、中关村、公主坟，外加航天城。幻想型的六姐还曾试图找人将"巨无霸"安放在"神舟五号"，后来被告之太空人不在太空中使用集便器，从而减少太空垃圾的排量，她才肯罢休。总之，这支"天大"的队伍在他们的首席执行官的带领下所向披靡！

这就是工农的神奇力量，与戴眼镜的人相比，他们更质朴，更直来直去，更想什么说什么，甚至不想什么就直接说什么！

有一次老富就捶胸顿足、万分感情投入地对我说："老齐啊，你可千万别英年早逝啊！"

我一听就马上明白了——他是真心让我为这个集便器再多活上那么几年！

在善与恶之间每日徘徊的"天大"人性

一

本人执掌"天大"CEO教主的位子已经近五年了,这个,你是知道的。你不知道的,是本人至今也没看清人性是本该恶,还是本该善,对"天大"的部下们,是该"善治"还是"恶治"。

二

当你"善治"时,被治的人又突然变恶了,那将你必然地推向"恶治"的边缘。而你"恶治"时,你又觉得,被你管的人又不恶了,而管人的你却是个恶人。

三

我"善治"时,一般的状况是这样的:

（1）工资随便领；

（2）对象随便搞；

（3）老板随便骂；

（4）"上帝"随便得罪。

由于以上的一些措施，"天大"的结局便是：

（1）又发不出工资了；

（2）对象都搞光了；

（3）老板快不是老板了；

（4）"上帝"们，都死了。

四

于是，我便迫不得已地开始了如同第四季冰川的"恶治"时期，具体步骤包括：

（1）在领工资时，要高呼"老板万岁"，而且至少是三声；

（2）在搞下一个对象时，对对象事先声明，这个对象是他代替老板搞的；

（3）见了老板我必须立正；

（4）对每个上帝都必须发誓，他或她是唯一的上帝，而且永不会死。

五

五年以后我发现，人之本性，自打孔子和荀子那个年代，也就是在几千年之前，就整天地每时每刻地在"本善"和"本恶"之间徘徊了，并一直徘徊至今。治理一个公司，尤其是治人的人，总是在与这个善恶捉着迷藏，不是被善骗，就是被"恶"蒙了。善也不是，恶也不是；太善了不行，太恶了也不好；有时需真善，有时需假善；有时需真恶，有时需假恶——那要看你那时对付的是人性中善、恶的哪种状态。每个人的人性，都好比一个万花筒，连他们自己都不知怎样在变。要对付那种变化，你也无法预计某时某刻的状态，所以你只好随变而变了。眼下街上有一款冰棍名就叫"随变"。

我看，那就是指你。

管理之道，一张一弛

一

岂止文武之道，管理之道，亦在一张与一弛也。

北京好像有一个文人，其名亦为"张弛"。从其取名来看，好似与本人一样也粗通一点管理。

二

"张"与"弛"没错，错容易出在何时张，又何时弛，如渔人的网，何时放，又何时收。

"天大"开了整整五年，却一直是处于"松弛"的状态，而且从未"紧张"过。为何文为"张"，又为何武为"弛"？"张"为何意？"弛"又为何意？可能是本人将"张""弛"的意思弄反了，手头又无辞典好查，就只好将"张"曲解为"紧张"，"弛"理解为"松弛"。文人就容易紧张，比如我；武人便倾向"松弛"，比如"天大"的猛士。他们都像我自来"天大"之后，就始终处于极度的"松弛"状态下，一直到今天。

三

为何人们来到我开的"天大"公司之后，便将此地评判为"收容所"以及"养老院"？

这一直令本人颇为不解。谁开公司不是在收容着？开公司的不收容，那谁还收容？

公司，不就是给大家养老的吗？公司不给大家养老，他们都只有独子或独女，且都不孝，那谁还去为他们送终？

包括本人的——"终"。

"公司"于公，在我看来，就是干收容的；于私，就是给CEO们送终的。什么叫公司的"可持续性"？什么叫永不倒闭关门——不就是给老板送终的意思吗？

四

他们在指责我开养老院时，我知道，是指40岁或50岁的人，而本人已过40岁，这你知道，老洪已过半百，这你更知道，你尚且不知道本公司的后脊梁是已过耄耋之年的老子呢？

老子，是咱们的真正靠山。

你难道也嫌老子吗？

五

收容是指本人对落魄之人来者不拒。但凡开着公司的人或朋友，我都会对他们说，好好开着公司吧，别关门，关门之后就来"天大"。

于是他们就特别快地都来了。

由此，天下的人再也不怕公司倒闭，由此"天大"的门客已超过了孟尝君家的，并且由此"天大"出现了巨额赤字。

六

记得在很久很久以前，有一个给洋人当中国首席代表的"齐天大"，那就是我。

记得那时他出差，下榻的最差是五星级的酒店，吃得最差的面条必定是 900 元一碗，因为那时的他特别不愿给洋人的脸上抹黑啊！

七

如今的他，同样天一样的大，出差时睡的却是伸手不见五指的睡宝，吃的却是5角钱一碗的不能再方便了的面条。

这就是他选择自由的，走中国人独立自主并想独立于世界之林——哪怕是单腿着地的代价。

但而今的他，却成功地开成了养老院以及收容所，收容着包括CEO的自己。

八

内人是个医务工作者，"非典"时因年龄太大，没能上得了前线，却与同科室的大夫们私下商议着退休后开养老院的事，那也算是对"非典"后的贡献。

听过她们的计划之后，我一耸肩："这种事，我早在五年前，就已经开始干了。"

一个若即若离的执行官

一

身为一个"非典型"公司的首席执行官,与那些死刑的执行官一样,我也总与被我执行的对象——"天大"——保持着一种若即若离,或不即不离的关系。

二

"即",即"靠近"的意思,你绝不应该靠它太近地"执行",否则它急了会反过来抢你的枪来执行你,再或者就是死时心潮澎湃地溅上你一身的热血。

因此我劝你该离就离,不要整天泼妇似的与你的公司24小时地纠缠在一起,那样你一定会伤了你的身体。你的身体十分的重要,如果你被该被执行的公司给反过来执行了的话,那就万分地可惜。

目前天底下的CEO们,早已被生意给执行得差不多了。

他们终生如那愚公，没完没了地挖山，因为挖完了第一座金山，他们又用小小的肉眼瞟到了第二三座山下的黄金，那第二三座金山也同小娼妇似的，与挖山的愚公眉来眼去，于是啊，那愚公就真的愚了起来，就不顾老命地又开始挖了。没想到挖坏了真正的金子——身体。

中国的CEO们眼下都有"病"，血压该高的高，该低的低。也还有倒过来的——血压低还ED。总之该"病"的都已先后地"病"了。

但那山是挖不尽的，挖了第一座山，那山并没有死，而是跑到屁股后面去了，所以愚公的愚表现在白挖。

三

我的若即若离战略表现在战术上，比如从不带手机啦，进了自己的公司每次都被保安抓起来啦，等等，十分游击式的方法。

我常常像武工队似的突然出现在我的公司里，显然，也是具有美军空袭伊拉克似的震慑作用的。你必须常常以空降海军陆战队的方式——突然现身和现眼在本不太忠实于你的部下面前，将那些正在做着暗算你的十分详细周密的计划的"危险分子"，一梭子击毙；而且，那个时刻，你最好戴上夜视仪，让被你除掉的公司的恐怖分子在临死前——不知道你就是他们天天山呼万岁却非常想除掉的老板。

这些技巧，你不用总跟我学，因为我是从美国大老板那儿学习来的。要记得萨达姆也曾是美国连队中的一个忠实走卒。

我说了这些，并不是想教你这个新上任的连队首长学坏，而是想教你好，因为你毕竟是一支小小的作战队伍的战地指挥，你不能太婆婆妈妈，否则你就会殃及你的池鱼，我是指那些还想跟着你干的那大多数公司中无辜的人。要知道，作为一名 CEO，你的位置，永远该是老鹰捉小鸡游戏中的那个用双手和躯体保护着你身后众多小鸡的母鸡。作为鹰，你就不要学我，我是只失败的秃鹰，而你却该是只雄鹰。在雄鹰捕食猎物的时候，它是凶狠的——为了它身后的一群小鹰。对付公司的异己分子，你一定要稳、准、狠，因为那些企图离群而飞的人，大多是强势之人，而你要保护的，总应是还必须在群体中生存的、能力并不太强的弱者。我想，保护弱者的目的，总是慈善的，这种善良的意志，该会使你具备将反叛者用枪执行掉的勇气了吧！

否则的话，你就别再当那个费力不讨好的首席执行官，而是学我——你的师傅，靠写教材谋生。我可以，因为我有文采，你是否有你恩师这点能力以及本事呢？

对出走的队员，你要送上刚从炽热的牛粪上取下的鲜花

一

正如孩子大了就嫌父亲无能一样，任何"非典型"小公司的一部分有出息的员工早晚都是要出走的。说跳槽也罢，说反叛也罢，说有二心也罢，反正都是一个意思，就是要单独拉出去搞革命。这个一般都是小公司首席执行官必须面对的、最让他们头痛的问题。何谓小公司？小公司就是一部小卧车。小卧车最怕的是什么？是怕撞车吗？不是，撞了修就是了。开小卧车的车主最怕的，我看，是有人与他抢方向盘。一般的小公司之中，或多或少都有那么一两个甚至两三个坐着CEO开的破烂吉普，一边奔波着，一边颠着屁股，一边想将CEO手里的方向盘，在CEO不知不觉时一把抓过来的人士。这种人士的比例，在"天大"公司里，应该是史无前例地高，因为CEO们总是喜欢神神秘秘，或者空降，或者声东击西，但"天大"的CEO——我，在绝大部分的时间

是不会空降的，因为我有着与众不同的恐高症。这就为伺机拿过CEO方向盘的人，提供了得天独厚的机会，或者说，拿"天大"CEO的权，是根本不用乘机或者伺机的，因为它本就是一部无人驾驶的跑车。

二

在擒获叛军——想拿走方向盘的人之后，我一般都采取如下的步骤，对其进行严肃的组织性处置：

第一，先从集便器中取出一捧培植已久的、已经等得十分不耐烦了的炽热的鲜花，派那些还未如愿反叛的员工热情并动情地——按我的要求——送到那些人的怀中；

第二，在全公司召开隆重的欢送大会，庆祝又一个"天大"的员工离职了、因吃里爬外被开除了、当上老板了，等等；

第三，备下一桌丰盛的酒席，为该员工终于脱离"天大"自己当上了老板而送行，内容包括叙旧、拥抱、痛哭、忘却历史、展望未来，等等；

第四，之后赶紧将这又一特大喜讯告之总会计师，说下个月你终于不用再为开不起那厮的那份工资而犯愁啦，因为他终于从"天大"公司毕业，自己给自己开上工资了；

第五，总会计师听后欣喜得泪如雨下。

谁说英雄莫问出处

一

时下流行有一语："英雄不问出处。"这里的"英雄"是指那些成名了的企业家，是说他们虽然今天都已成了人物，但早先却极有可能不是个东西。

二

在"天大"主打的集便器行业，英雄大多出自本人的手下，大多毕业于"天大"公司。"天大"是最早将美式马桶引进这个市场的鼻祖式企业。换句话说，今日世人有幸端坐于"巨无霸"上排泄的消费习性，是俺当年从美利坚合众国给活生生引进来的。而今那个"巨无霸"（注意：以上所言的"巨无霸"，仍然是个道具。）已在京城彻底地火爆起来，而那些在人们屁股后头煽风点火的人大多出自"天大"这家"集便黄埔"。

三

　　每家企业的存在价值，在我看来可归结为二：第一是它从诞生之日到尚未倒闭之时，所创造的就业人数的总和。第二是由于它的存在，在何种程度上改变了人类在某一方面的生活方式。第一项是可计数的、量化的，第二项是不可计数的、非量化的。就拿第一项来讲，由于"天大"当年引进了一种名为"集便器"的产品并培养出该行业中众多的精英，"天大"为这个行业创造的就业岗位可谓不计其数。因何而言？因为虽然"天大"直接创造的就业人数十分有限，但"天大"的毕业生们可个个比"天大"都有本事，他们小的开着五花八门的马桶批发公司，大的开着遍布京城的马桶城，再大的开着马桶工厂。这使本人这个仍然率领着少数"天大"的残兵败将在苦心维持着"天大"这辆老牛破车的领军人物万分地欣慰，因为我每天都能在京城报纸上和车辆中看到那些因我而做大的公司打出的关于各种美式集便器的宣传广告，而且，我还能对那些个因"天大"而成名成家的集便器大亨信口而说："小子，你今天真有出息，算我当初没白白喂饱了你！"
　　这难道还不算是那种"春风得意马蹄疾"或者"小人得志"的意境吗？

我花巨资为南方人烫着屁股

一

说到开创一个新的产业、引领一种新的消费这个话题，本人还想再接着啰唆几句，那就是做生意的人除了以赚钱为宗旨的之外，还有以赔钱为目的的——那就是指我。至少，文人都比较理想化，本人想达到某种强烈程度的好奇心和想改变人们某方面消费习性的野心，大出了很多的血。

二

又是以集便器这个道具为例，南方原无能加热的集便器，是"天大"举公司微薄之资，历时五年之久，愣是将长江流域冬寒地区的许多用户的屁股给强行地放到了可加热的集便器上面。

这就叫作雪中送炭，这就叫作企业家的奉献精神。"天大"在打造南方专用集便器的消费习性上不仅是第一个吃螃蟹的，而且是第一个养螃蟹和繁殖螃蟹的。当年本人率领"天军"进入南方时，是仅凭着几条历史的旧闻认定南人早晚必然会恢复在冬季使用会加热的集便器的。我当时用十分痛心的语气对即将出征的"天兵"们说："你们想想，南方的同胞们在冬天，在又潮又冷时将臀部放在那尚未加热的——集便器上，会有多么的不情愿和冷酷！你们就义无反顾地去吧，要用你们新时代'好八连'的精神为南方的同胞尽快恢复在冬日里使用自发加热集便器的、已经被忘却多少年了的好传统。你们只管去宣传，你们只需要去做工作，你们千万别考虑什么费用不费用的小问题，这些都是老子的事，大不了老子再要几年饭！好，该说的我已说了，你们现在就出发吧！"

于是，在本人的一声令下之后，几个"天兵"便一脚踏上了南下的不归之途。他们真是争气啊！仅仅用了五年的工夫，仅仅花了百万的巨资，就开创了一大片以江沪为中心的南方战场，就恢复了那一带许多市民的冬季使用滚热集便器的传统习性。而"天大"作为一个公司呢，也在仅仅五年的时间里，又在南方培养、扶植起了一大批精通集便器专业的南下干部，为他们造就了多个以马桶业务为中心的、与"天大"对着干的"非典型"集便器公司。你可能还没听明白，我是说我那些个弟子在翅膀变硬了之后，又都跑了，为我在南方生下了一大堆私生的外孙子公司。

三

这弟子成仁的事,是令人兴奋不已的,因为毕竟只有强将手下才无弱兵。记得,在又一次为新当了老板的老部下庆功的大宴上,我十分忘情地说:"你看你看,在你自己新公司开张的这么个大喜的日子里,我怎么忘了让人送一个花圈来了!"

我原本想说的是花篮,因为高兴过度,一走嘴误将"花篮"说成了"花圈"。

其实我比谁都更想跳槽

一

有时我贼羡慕那些已经成功地跳了槽的"天大"员工，并不是因为他们跳进去的新槽都是好槽——他们有的一出"天大"就马失前蹄，就单腿立地，就大小便失禁。我倾慕他们，是因为他们好歹还有槽可跳，还有他路可走，还有别的喜好能开发，而我却死活不能。

我这个小老板，本身就是个"槽"。

二

天下从没有带着槽跳的马，哪怕是匹好马，除非你自行将那个槽事先毁掉。一个小老板只要还开着公司、还经营着他的那份勾当，他就同时失去了选择别的职业的自由。自由是与槽对立的概念，只要那槽还在，自由就是相对的。员工们跳槽是为了自由，是为了换一种活法，是为了与另一个新的"槽主"(新老板)合作,是为了结交另一群新的同事,是为了体验另一种生活方式,是为了不再兜售马桶或者现代版的马桶——集便器。

而小老板呢,却是绝对没有这个自由的,小老板的槽头旺也罢,衰败也罢,有千里马也罢,都是老骡子老马也罢……只要这个槽头还养着马,兼着马夫和槽主的他(或她),是绝不能放下手头饮马的活计不干——自己跳槽而去的。

这就是我每天在"天大"里宣扬的:成也"天大",败也"天大";上天也"天大",入地也"天大";成佛是"天大",成仁更是"天大"。

因此有时,本人真恨不得一腿子将"天大"撂倒,自己也投奔自由去,与想跳槽的所有天兵天将一齐各奔东西。因为只有这样,本人才不会再为别人退休不退休、如何让人退休、如何劝老骥别再伏枥、如何快快光荣下岗等烂事整日心烦,因为只要有人将我当马养起,我只需使劲跑就是了,而无须顾及那槽中的其他马是否有草吃,是否饿得骨瘦如柴,是否会被杀掉当肉吃,那是一种何等巨大无比的自由啊!

还有,作为一个小"非典型"公司,哪怕它再成功,它的营利再好,它在做事上的局限性都是十分明显的。比如,开集便器城的公司再努力,也无法将"神六"送入太空;再比如"天大"的多元化再怎么搞,也培养不出外交官、主持人或者诺贝尔和平奖得主——因为"天"再大,也还是"一线天"嘛!而本人呢,想干的事,可就太多了,比如伊拉克战事一开,本人就想去采访;又比如杨利伟(我国第一个太空人)刚一安全着地,我就想在家中做失重训练;还比如,本人至少通晓八国文字,在本人会的那几国文字国家当大使的,有的本人还真认识;他们都能当大使,本人为何不能?

以上这些梦想,在有着老洪、老富、六姐、小华等栋梁的"天大"——无论本人怎么经营,即便我将全球所有的最酷的管理方法都用绝了,也是无法帮我实现的。

三

由于听我说想跳槽的话听得不厌其烦了,开始还十分紧张的、已过了50大限的老洪干脆就当起了耳旁风。老富却仍旧紧张,生怕我一跳槽,"天大"的槽头就再无食物。有一天,我说想先关了"天大"的门,再申请上"神六"或者"神百",老富真激动并真急了起来,说:"不就是想上太空吗,那有什么啊!来!"他将一个新型超大"巨无霸"一把拎了过来,将本人强行按到那马桶的肚皮上,只听他大吼一声:"点火!"就将1000伏高压电源的源头接了上去。

他还真以为这样本人就真能升天哩!

最近我和小布什、普京都有点烦

一

小布什烦的是美军在伊拉克的飞机一架架被打下来；

普京烦的是他不得不将那个险些把他和俄罗斯都卖了的石油大亨抓了起来，不得不再搞起中央集权；

而我烦的是小布什和普京两人烦的东西之和。

我是一揽子烦。

二

像小布什那样当美国总统，其实也像是在当着个 CEO，只不过布什是美国陆海空三军的主帅，我是个如芝麻般"天大"的小公司的主人而已。美国的总统当上一届，是四年，也仿佛是公司开了四年一样。美国总统还干不干得了下一届了，也如同一个小公司是否还能接下去延续一样，下次选上了，就再干上四年。公司找到了个第二、第三代取代第一个营利点的产品，也还能接着生存。一般的总统干不过两届，一般的小公司也躲不过主产品死掉、新产品接不上的劫难。因此从时间上说，布什正处于上、下届交接之时，他有点烦；"天大"正位居40/50转换之秋，我也有点烦。

三

美军在伊拉克的进退维谷，也有点像公司在第四五年时的前不着村、后不着店。都还记得，美军几个月前，是雄赳赳、气昂昂地一路唱着狂欢曲打进伊拉克的；一个小公司在开局顺畅的头两年，也如同美军一样地风光。在刚刚将"巨无霸"引进京城之时，"天大"的人个个牛气冲天，分销商来"天大"公司如朝圣，见到本人更是激动得热泪盈眶以及心跳过速，因为"巨无霸"集便器给那帮孩子带来了巨额的利润！而于今的、曾被少数伊拉克人视为解放者的小布什的美军们呢？个个灰溜溜，人人如惊弓之鸟。这时的CEO布什大将军，可就真为难喽，是进？还是退？进亦败，退亦败。败是必然的，问题是如何败得更好？

一个字——烦。

今日的"天大"也是"感时花溅泪，恨别鸟惊心"。干别的吧，"天大"的天兵天将们如何能够割舍对"巨无霸"那种用四五年青春培育起来的深情和厚谊呢？再说了，仅仅本人想参与开发"神六""神七"宇宙飞船，老富那双抬惯了破旧马桶的略带臭味的老手，能操纵"神六"飞船上的精密仪器吗？

你们说，我烦也不烦？

四

举目四顾，那些几年前还牛皮哄哄的京城大小马桶城的城主们，都比我更烦着呢。本人举"天大"之全力，才维持着一个10人左右的小小倒卖公司，而那些家伙呢，动辄雇佣百人千人，马桶城们开得个个像是世界集便器博物馆，在眼下"非典"刚过、"非典型"产品和"非典式"顾客多如苍蝇的日子里，有哪一家同行企业的小老板们，不是在像我和小布什一样，正烦着呢。

咱都在烦，因为咱生活在这么一个多变的令人厌烦着的时代里面。

五

任何一家铺子，"非典型"的也好、"典型"的也好，经营集便器也好，经营原子弹的也罢，即使是开着国家机器的布什，也都会在某一个时期、某一种时刻、某一段岁月之中处于进退两难的境地。成功的战略布局者假如事先预见或许能够避开这类情况的发生，或许能够将其周期缩短，但只要一部营业机器的火还没熄，这种进退维谷之时段早晚会降临到你这个别管是大还是小的主帅的头上。

毛泽东的伟大之处就在于，在长征途中，在红军已被逼到那种无论是退还是进都可能被灭绝的时刻，将几万名红军的种子，最后给保存了下来。也就是说，他将用于发酵的那最小块的一团面，先用智慧呵护住了，然后用那块面，再次发出了比原来更大更新的红色的大面包，而且，几代人都过去了，我们如今，还在分餐那块红色的面包，并以之丰润着现代中国人的经脉。

那就是所说的独立的民族精神。

在面临着进退都可能败的结构性的定论的时候，作为CEO没有一个不烦的。正好比计划永远赶不上变化，又好比智者永远算不过小人，还好比"天大"并不总比"地大"，"地大"并不总如"命大"。此时美军的三军统帅——难，难以将开局收场，难以将共和党四年一届的"公司"维系不倒；"天大""地大"的CEO们也都难，难于在走完集便器的黄金之路之后再重上青天！

谁最早说的那蜀道它最难来着？

谁来继承"非典型"企业

一

　　小"非典型"公司的继承问题，是个世界性的问题。从一个非典型的小蛤蟆公司之中，你的后代会继承到什么呢？如何让你的宝座既不改朝，又不换代，我看这是中国千万个小企业主的一个十分典型的思考题目，是个十分必答的命题作文。

二

　　在本人看来，从这些个自生自灭的小公司里能够继承的——如果还有人想继承的话，只有那 SARS 病毒。

　　而今的中国人以种性计算的寿命，都异常的短暂，尤其是吾辈这类的只有一个后代、后代还可能不跟俺们男人姓的家庭，更是后继无人。后继一无人，创始人就无心将企业的小命做长，传给第二代、第三代徒弟们吧？他们又都不如创始人能干。于是人心自然就短；人心一短，企业的超长经营意识就无，随之呢，本来就如朝露般一会儿生一会儿灭的小公司们的寿命，便总是以倒计时计算了。

中国人目前的一胎政策，如果我没说错的话，是小公司无长远性的许多的"生命"因素之一。假如老子没儿子或是只有一个不想干集便器生意的儿子，那老子为何死乞白赖地、没完没了地跟集便器较劲呢？

在"非典型"的家族寿命的国度里，事业的传承更进一步成了"非典型问题"。一个家族企业，假如家无后裔，如何做成家族式企业？内地的企业，我看难以做成香港式的华人流行的家庭公司，更无法与也特喜欢玩大家大业的意大利式、犹太式的种性公司相比，其中的原因，我看是多少与咱这一胎政策有关。

企业无人传承了，做公司的人一上年岁，就自然无心再为可能不属于他的企业设计百年基业。他们会考虑后事，考虑养老，考虑别被下属最后扫地出门，于是乎，一个企业就十分容易地在它的壮年成为一部摇钱的、无积累的提款机器。款提完了，就将机器砸掉，免得落入他人手中，所以到最后，那机器也就最终变成了只会赔钱的机器。

以"天大"为例，本人刚过40，"天兵"们见俺无同姓后人跟进，现生又来不及了，就急着认我做哥、做弟，甚至做爹,就急着想将我库存着的那几千个集便器放进肚子里吞了。

我可是挡都挡不住啊!

就留给他们孤魂野鬼

最近听说南人在给死人送纸钱纸馒头和纸饼时，口中常念："孤魂野鬼们啊，这是给你们吃的；你们先吃饱了，就别再打扰我的爹娘了啊！"

这话我听了，特别有启发。

我想到了，一旦"天大"死了，我能留、我愿意留给"天兵天将"和这个养我培育我的伟大的"非典"时代和"非典"社会的也只能是孤魂和野鬼了。

每天每日每时，在中国这 960 万平方公里的土地上，有多少 10 人以上的"非典型"的、没人疼没人爱，只有人嫉妒只有人恨的小公司，一批批生着，又一批批死着；死的复生着，生着的又在复死着。它们留给这个国家、留给这个社会的又都是什么呢？我想，就是如死魂灵般的鬼影了。它们留的是"非典型"的气质和"非典型"的心态，是如鬼般四处游荡着不安分的魂灵。是创业的、想为人主的挑战的悲壮意识和不见棺材不落泪的那份执着，是永不间断永不放弃有大有小有长有短有明有暗的野心。

中国的企业人，支撑着中国经济主流社会的意识，就是这种如幽灵的"非典式"做自己的企业的鬼影。

这是全球华人经营上的特色吗？

是的，华人的中小企业在全球都是有名的；但又不全是，港台同胞、东南亚的华人企业往往做得很大，因为他们有传统的多子多孙的血脉的继承机制为背景。我看，如今中国大陆上的支撑着超出半数就业的中小企业们，是绝对的具有中国的这段历史特殊时期的特征的，它们大都无结构上的可继承性，大都快生快灭，大都因偶然事件和机遇而生，又大都因必然的无积累和后续性而倒闭。它们一旦倒下，就成了四处游荡的孤魂鬼影。这些影子游着游着，又如死魂灵般托生于新一批后起的 CEO 的身上，又借尸还魂，又小人得志，又得理不让人，又春风般地得意起来！从这层意思上思考，你可能开始理解本人在开"天大"公司开得不耐烦了之后，拼命想留下这部好似盖棺定论似的管理手记的一番苦心了吧，我写它的目的不是别的，就是想将"天大"的那缕不死亡魂，用这本书附到你们这些读者身上，想通过你们学我开"非典型"公司来借尸还魂！

上帝一般的隐形之手

一

一般 CEO 的那只手，即使没有牛粪和老茧，也该是如同上帝的那只据牛顿说能推着地球走的手一样，是隐形的。

凡事看不见，隐形起来，也就不同寻常了，也就有功力了，也就像是个企业中的 CEO 的角色了。

一般 CEO 该做的，并非是眼前的事；眼前的事是留给伙计们做的，如果 CEO 也没日没夜地做起眼前的事了，眼后的事也就没有人做了。一般的产品有效周期，在如今的商场上，仅有两三年，过后必然会成鸡肋，如电视机，如集便器，目前都已成鸡肋的业务了。倘若 CEO 们只顾眼前，最终的结局便是：他与他的伙计们一同躺在一堆堆谁都不想吃的鸡肋上半夜鸡叫。

因此，CEO 的肋条，一定要放在公司的后事之上。

二

在"天大",我们的分工是这样的:六姐管今日的事,老洪管今周的事,老富管今月的事,小华管今年的事,而本人则管"天大"今生的事,以上所说的是一般的安排,但也有因大家的能力有限而发生角色上的互换的情况发生。比如:该想今天的六姐总替我想"天大"和我的后事;该考虑今月的事的老富总将老洪和小华的后事挂在嘴边;还有,我不得不替老富、六姐和小华去替他们的上帝们清扫因安装不当而大粪四溢的集便器,并且下跪赔罪……不过,由此本人倒成了小报上的"3·15"名人,"天大"也因"名人效应"而效益大增……如此种种。

三

好的管理者所制造出的,应该是好比从上帝之手推出来的惯性效益。也就是说,一个连队,在他的调试之下,按照他的战略运营着,就如同地球在引力下的自转。毛泽东打仗时有个规律:安排完作战方案之后,他就在枪炮声中大睡。我在"天大"里营造出的系统性的惯性,一般都在半年或更长的时间之后发力。因此我就可以不带手机地半睡半醒,并且为你们写书。

上帝之手，不是用于始终推着地球转动的，而是一次性的发力。一个公司、一支部队的指挥者，绝不能总是亲临前线。如果每到我军与顽敌作战之时，你都眼见着领导人在第一线与敌兵拼刺刀、丢手榴弹以及开冲锋枪的话，那么我们就不会有今日成功的幸福。因此，无论"天大"的事业兴旺也罢，衰败也好，我总是保持着一种站在作战地图前遥想明天之姿态而绝不去前线开枪，哪怕让敌兵冲进本人的指挥所，被敌军命令"举起手来，缴枪不杀"，那时好歹咱也算是一个"投降的将领"，而绝非一般小卒。

四

太极有一道作业，叫作"推手"。"推手"之手的力量，总是隐形的，"推手"之意境，在于借对手之力，化解来者之功，而并不全在于本力之强弱。运筹一个作战部队的管理者的功力，我看也仿佛如此。CEO 的那股内力，越是隐形也就越让外力不知如何下手打击。

五

"天大"眼下的问题，据我判断并非出在本人的"上帝战术"，而是出在"天兵"们的执行方法上面，就比如老富，他是练过几十年八卦掌的，我一讲起才练过几天的太极之道理，他就将我一掌推开，并说："去你的吧！玩去！"

我在半睡半醒时睁半只眼

一

月有阴晴圆缺,此事古难全。

人心有时向有时背,你也不要强求。

做首席执行官,你执行的是十人、百人、千人的身家性命,你可千万莫要彻底地糊涂如"天大"中总将买卖的买方和卖方完全颠倒的老洪那样,而要学习我这个半糊涂半不糊涂、睁半只眼闭半只眼、半睡着还半醒着的人物。

二

本人是在老洪掌管了"天大"的财务大权长达三年之久以后,才在偶然一瞥之中,发现身兼"天大"财务总监和国际进出口部部长双重职务的他,居然时常将英文的买方和卖方给毫不在意地随变颠倒着使用的。如果你也做过倒买倒卖的勾当的话,那么你可能会知道:"买方"一般是需要付给别人钱的,而卖方则是指收钱的那一方。他常犯的这种毛病,一经发现,我便有点沉不住气,就快让一个能将买、卖搞得清楚的行家去查一下"天大"几年的大账。他回来后先指指天,后又指指地,并没有说什么,就赶紧回避掉了。过后,我才知道,老洪的糊涂并未将我公司放进绝境。而且也并未因几年来将买、卖和谁该付谁混淆而造成特别巨额的损失——原因是美国厂家那一面的一个"巨无霸"的财务负责人,也同老洪犯着同类的毛病,而且犯得比老洪还要勤奋,也就是说,十分有可能的是那位美国方面管钱的老兄在向"天大"运送了很多集便器后,不但没有要钱,还赶紧给"天大"寄来了送钱的支票。也就是说,老洪的糊涂竟为"天大"带来了"天大"的财富。

但即便如此,身为"天大"的进出口部的老总,还是需要将买方、卖方二字"正"着使用的。我将老洪立马送入由原厨师小华主持开办的"天大语言文化中心"去进修英语。当老洪在中心进修了半年之后,有一天我去做旁听生,看看"天大"的大佬们是否在英语方面有了十足的长进。那天正好遇到英语老师耐心地为老洪详细地解释何为买方和何为卖方,并让他当场站在台上,向众人分别背诵十个将买方、卖方在实际商战中运用的例句,结果我发现,在10个句子中,他又弄反了9个。

"天大"一下丢了40个亿

一

昨日读到《作家文摘》上一篇文章后,我颇为恼怒。文章说的是一个姓刘的"文化商人",从银行贷了40亿人民币的款之后,竟然出走到日本。而他之所以能贷那许多的款子,是因为他有一个并未与他结婚的女影星的"内助"。40多亿啊!我是多么的痛心,因为那些个钱原本该是贷给"天大"人的!

二

今日又在邻人处见到一刚刚出生月余的瘦得如柴火般无养分的小猫。那猫看上也像"天大",也宛若"非典型"的中小企业。它还在该哺乳的时候就被无情地抱出去卖到了我的邻家。

资金,如同车油,如同母乳,如同甘泉。一个小公司的资金一断，也就该如瘦猫般被出售。中国的如野草般随生随死的小小公司们，都如旱地生长的杂苗，只能自生自灭而无甘露浇灌。小公司们又如鲁迅所说的牛，挤出的是奶，是滋养就业生机、奉献国家税金的苦役，而吃进的是野草，是猫粮狗粮，却总也喝不着水，得不到企业最需要的借贷资金。

"废话！要是政府给每个开公司的人都贷款，那不都去开公司，都去当老板了吗？"有人会情不自禁地发问。

"但为何那'文化商人'刘某，却能拿到40亿的贷款？"我也要发问。

40亿资金，应足以浇活万亩旱着的草地，使万家中小企业起死回生，却不幸地因女色而被用于浇灌了沙漠。

"天大"的财会被勒令只能报喜不能报忧

一

"天大"的 CEO 一般对财会的要求,就是只睁着半只眼——这你已经知道;你还不知道的是,自从我晓得老洪——"天大"的财务总裁在他当政的几年里时常将"买"和"卖"颠倒过来记账之后,就意识到这"天大"的买卖命里注定地会只赔不赚,我就更加严格地要求"天大"的现任会计只许报喜、不许报忧了。所谓的"喜"就是有人给"天大"汇来钱;而所谓的忧呢,顾名思义,就是"天大"给别人汇出钱的意思。我想这么一说,连你都一目了然我的指令了,但她——"天大"代替老洪的会计——却死活都搞不懂,她也总爱犯老洪那将"买""卖"概念整得满拧的认识和观念性的错识,所不同的是,她总把"喜"和"忧"、"赔"和"赚"的本应完全不同的概念,给倒过来或混合着,然后向我汇报。

"齐总啊,你又大喜啦!"她经常性地将这类的令人心跳的美好信息带着哭腔传送到我那闭关自守的独自的办公室里。

"又进账啦？"我开始兴奋。

"谁说的？瞧你糊涂的！人家李总又来急电催那20万欠款啦！哈！哈，你说咱给还是不给啊？"

我一听就知道她又将报喜和报丧的任务给混淆了，就耐心地解释："亲爱的，不是跟你说一百遍了吗？我的血压比正常人高，请你在没获得捷报之前，别那么激动地骚扰我，什么时候那个李总给咱打过来欠咱的那40万，你再给我报忧……不，报喜，你说好是不好？"

"明白！您怎么早不交代啊，齐总，早知道这个我就不再老平均四次至五次地将李总催咱那20万的事，当好消息报喜啦！谁让咱们都光屁股了呢？"

当然，她是说公司的账面是光的。

二

由于我给干会计的定下了只能报喜而不许报忧、只准成功而不准失败的"天大"原则，即使她十次之中有五次将二者的情形搞反，我还是取得了阶段性的心理安慰。从这层意义上说，她起到了心理上的CEO"安慰剂"的积极作用。

我的管理经验告诉我，作为一个以天下为己任的CEO和想成功的人士，总要先天下之忧而忧，总要先天下之乐而乐，却绝对不可也没有权利因你自己的一个小小公司的忧，比如说赔上点钱而忧。你一定要以此为乐才是，因为你要想清楚，你的赔钱，是全天下人都想乐的好消息；你的赔钱赔本能换来那么多人——还包括为你记账的会计的由衷快乐，你还会因为公司赔钱不真正快乐吗？

你可是在为天下人之快乐而做着"天大"的奉献啊。

三

"天大"的会计在总报喜之余，还想将她的老板——本人送进监狱。

有一次，我问她们："大姐们，如果咱公司都因'非典'而赔光了，你们说咋办呢？"

"那你再去借点钱来，咱们接着干。"她们回答得十分干脆。

"那……咱再将借来的资金，再经历一次'非典'，再赔光了呢？"

"那还不好办？！"她们相视而笑了，"那你就去坐牢呗！嘿嘿……"

我听出了她们笑得是那么认真，绝无半点的怜悯。于是我赶紧去翻报，看看那个被抓起来有段时日的女明星最后放出来没有。

开小公司的三种意境

一

我抄录一下王国维的《人间词话》，用来形容开小公司的三个阶段。他说："古今之成大事业、大学问者，必经过三种之境界：'昨夜西风凋碧树，独上高楼，望尽天涯路。'此第一境也。"

以上是指开公司之初，好比人之初时。那时的公司如人之初，它本是善良的。"独上高楼，望尽天涯路"是指拼命地寻找公司的寄生物——产品的时辰。以"天大"为例，就是指我先从地球仪上找到了一个叫作 United States of America 的地方，又使劲地登上我们家西边的筒子楼借着筒子楼的高度，一眼看上了"巨无霸"生产的美式集便器，并将之一下代理到怀中。

王国维又说了："'衣带渐宽终不悔，为伊消得人憔悴。'此第二境也。"这是指开公司开到了第三至五年，从集便器生意的含苞欲放，到怒放，再到怎么使劲都开不下去的这一阶段。这就是我所说的小公司的"死亡地带"。这时通常马桶之鲜花已经不鲜，或者花倒还鲜，却爬满了前来争相采蜜的苍蝇。这时集便器生意的利润——由于落的苍蝇太多——已被瓜分完毕。随之到来的，就是做集便器生意的公司一个个出局，整个行业哀鸿遍野。眼下全国的集便器行业就是如此，别管大大小小全都处在亏损或半亏损的境地，于是呢，作为 CEO 的本人的健康状况就出现了与古人不顺心时"衣带渐宽""为伊人消得憔悴"截然相反的现象——我的衣带渐窄了起来！我变得日趋肥胖了！就是为了"伊人"——那个盛装的集便器！

这就是现代人憔悴时生理上与古人的明显差别。你没见那马路上走的一队队做着集便器生意的首席执行官们，谁的肚子肥大，谁就正处于为他的"伊人"生意正在"憔悴"的正当时辰。

二

那第三个阶段呢？王国维接着说："众里寻他千百度，蓦然回首，那人却在灯火阑珊处。"这是形容小"非典"们突然一下找到了支持公司业务的第二个、第三个增长点，于徘徊中又见光明的阶段。这大概发生在公司开了之后的第四五年，也就是说，它可能发生在"天大"的明年。因为此时此刻,也就是本人正死乞白赖地为你们写着这本书的时刻,本人这个CEO,虽然带着我的"天兵天将"们在"众"里,像搜查恐怖主义者似的苦苦地寻觅那个"后马桶"时代的新产品,也就是再也不吃香了的那个的替代品,不过至今,死活还没将之抓获,可能"他"眼下是藏身于"众里"之中,正在与俺们捉着迷藏,但有一点我敢肯定,只要是俺们在若干月内没能将那个"拉登"擒拿归案,俺们的"天大"公司就可能寿终正寝。因为我们四周的马桶专业户们已如秋草般纷纷倒地了,而且此时不是别的时节现在正是冬季。

按照经营上的统计数据来讲,能开到第五年的公司,就该快成为烈士了,因为成活率只有不多的10%嘛,再往下开呢,到了第六七年,就会每年下降一个百分点,直到下降到第十年的接近1%。那个"微软"(Microsoft)也就活了短短的十几年嘛,现在人家都执了全球公司牛耳了,但还有些柔软呢,还不敢硬来,何况从来就没坚挺过的"天大"呢?

三

"未有未阅第一第二阶段,而能遽跻第三阶段者。文学亦然。此有文学之天才者,所以又需莫大之修养也。"

以上是王国维关于文学"三段论"的结语。而我将那"文学"二者，置换成"公司"二字。

开公司者，均需做好不成功便成仁的心理准备，均应知道即使裤子小了（不是大了），之后还会有彩虹将出现。因为在这之后，你又会是一条好汉。就在今天召开的"天大"会议上，我还一再强调一定要将"天大"的"后事"办好。所谓"后事"，不外乎两类，一种是特别成功，一种是极端的成仁。但成仁之后，还会"零落成泥碾作尘，只有香如故"——"天大"的精神还在嘛！所谓"天大"是何物，不外乎是助人为乐的二百五精神嘛！

四

关于王国维在那段话中提及的"天才"论，我始终是感觉受之有愧，我其实也算不上什么经营上的"天才"，我要真是"天才"了，那比尔·盖茨和李嘉诚该算是"蠢材"啦？所以千万不要这么奉承我。我充其量发明了我的《齐子兵法》，将本来还比较善良的你给教坏了而已。

这，真算不上什么。

做生意是写长诗

一

一转眼,又写到第 88 个小标题了,书写得"发"了,我那小儿子——"天大"却还没发。

真怪。

二

早年我在东洋的三菱公司里实习时,我的一个日本的本部长太君,就在一次酒后,兴冲冲地教诲了我做生意的秘诀。他说:"做生意,其实就是艺术!"他那句话是用日文说的。由于你不懂日文,我就没用日本话写。但他那意思,我想你是清楚的。而今十五年已过,那位外表极为威严的老太君在向我传授了他琢磨了半生的生意经之后,就一路高升,一直晋升到了三菱的执行董事,后又一直晋升,直到退休才罢。

他人虽走了,三菱的茶也凉了,而我却还健在,而且正值什么都该补的壮年，并且正在顽固地用艺术的眼光和手法支撑着如小麻雀似的"天大"。

三

"生意是艺术"，这话确实没错。做生意不仅如作诗作画，更如智力游戏，还好比下棋。本人从不会下棋，却从做小生意中体会到了下棋的乐趣。就拿围棋来说，总共才黑白二子，却千年也下不完，万代也下不清楚，为何？无非是博弈者想求得智力上的满足感而已。而经商呢？亦有千人在玩，亦有万人在做，都是为了那张纸糊的钱吗？我想不全是，至少于某些人不是。因为那钱在将生意当作艺术来玩味的人手中，便成了黑白二子，便成了博弈的工具，便成了考验智力的试金石。倘若不是那样，为何天下有那么多因玩商玩得片甲不留的商人，而商场上的游戏和斗智却从未终止过一天！的确，开公司可能赚钱，但不进赌场却不会输，一开起公司，就仿佛坐上了过山车，就会翻山越岭，就可能尽览那无限风光，却也会风光地来个倒栽葱。

但是，开过公司的人，哪怕是再赔，哪怕是那游戏再险，也是不愿轻易言败的，所为又何？因为无限风光，只在险峰，因为要想登上险峰，就必须先坐上那过山车。

四

凡是艺术,就该有所创新。将生意比为艺术,是因为做同样的生意,会有千变万化之不同手段。那又像厨子,烧一盘红烧茄子,一百个厨子就会有一百种味道。变化之术,全在于使其变化之人。艺术就是创造,创造就产生乐趣,就会动用智力。因此,我常常教诲"天大"的员工,说你们至今还这么毫发未损地生活在一个到现在为止还没倒闭的公司之中,是多么的幸运。因为他们毫无疑义地拥有着一个能将他们这多腐朽点化为神奇的、那么懂得将经营化为艺术的、那么不可取而代之的 CEO。

他的话从未在"天大"引起过争议。

我时常在"天大"公司中讲那番话的用意,不外乎要不是我这个 CEO 使尽了这么许多可选择的和不可选择的手段伎俩经营着"天大"的生意的话,他们这些个"天兵"和"天将"早就流落到街头上去几回了。他们要是真的上街头要饭的话——包括本人——可能连一口饭都没人会给,因为俺们而今长得都确实是太肥了。

五

　　CEO经营天赋中体现出的艺术性，还表现在其经营过程的不可重复性，那就好比让另一个厨子将一盘已经炒好了的麻婆豆腐给还原成原来的豆腐似的。有时我让天大的"兵将"们在没有俺齐天大的条件下，在假设了他们就是俺CEO——连长的情况下，从第一年按照他们各自设想的方法将"天大"公司维持下来，结果果然不出所料，是这样的：

　　（1）如果让老富经营"天大"，"天大"只能成活一个小时；

　　（2）如果让六姐来开，"天大"在刚断奶那个月份，就会断气；

　　（3）如果全部将"天大"交到老洪的手上，"天大"半年后就会成为没爹的孤儿；

　　（4）小华倒蛮厉害的，能将"天大"维系到第二个年头，我想可能她原本就是个会做麻婆豆腐的厨子。

　　之后呢，就再没能人啦！

　　这才叫作"时势造英雄"和"矬子里头拔大个儿"！

可怜天下 CEO

在开一年公司狗熊、开四年公司英雄、开十年公司烈士、开十五年公司烈属的短命的经营环境下，凡是自我创业公司的老板，别管他的公司开得是长是短，在我看来——都该属于英雄。本人之所以还在写着这样一本为英烈们招魂的书，是因为本人深感身为小老板的道义上的责任。我这是在为死魂灵们招着魂，因为那些个至今没留下一本类似遗作的小老板开的小公司们都已先于"天大"而成了死鬼。公司都已死了，谁还有心为小"非典型"们树碑立传、歌功颂德呢？因此说，本人这个已形同枯槁的一息尚存的小小老板，有义务为这些孤魂野鬼们鸣冤叫屈或者歌功颂德一番。本人说来说去，无非是想说上那么一句短话："可怜天下 CEO！"

"怜"者，爱也。"怜"之左，为"心"也；"怜"之右，为"令"也。"令"者何指？"司令官"莫属也；"司令官"又是甚？公司长官——CEO 是也。

"可怜天下 CEO"，在读者你们来说，就应成为"全天下伟大的司令长官们，万岁"！

日本人又喜将"万岁"篡改成"万才"。"万才"又何指？无非是赞扬如齐天大般有"才能"的CEO们俯拾皆是，看来本人若不想谦虚，就准遭受你们的一通无情崇拜！而今天下的CEO们，何人不是如本人一般十八般武艺样样精通？CEO可不是传统意义上的小皇太极，而是正宗的战场指挥家，是需要有谋有胆有人品有情操有风度……还有什么来着？噢，性感——有性感和情感的！瞧你，真没见过英雄——是罢！

真英雄者，顶天立地者也；真英雄者，开局人、定调人、游戏创立之人、规则制定之人、理念信念确定之人、敢为前人之不敢为之人、玩任何人都没玩过的游戏之人、最开始关爱他人之人；第一个去赴死之人、第一个吃螃蟹之人、第一个品味马桶水味道之先驱；第一个落井下石之人、第一个见利不要命之人、第一个见如花少女不动心之人，第一个……也将小公司经营之趣事、之秘事、之苦恼、之乐趣、之艰难困苦——公布于世之人——是也。以上这些，暂时够你崇拜一会儿了吧！

我假装要退位时弟兄们的反应

一

也就是在昨天的午时许,我在"天大"放出了一个试探性的"坏消息",以测验我那些"子弟兵"的忠诚。

我说:"某超级跨国公司又要在北京开设分支机构啦!他们费了九牛二虎的劲儿,才终于从有关部门搞到了本人的联系方式。他们有意让我再度出山、再次放弃永别外企的誓言,去担任那个机构驻京全权代表的职务。"

其实这段话是半虚构的,我是想通过这种方式给我"天大"的团队一个毁灭性的激励,那就是你们再不给老子争气,老子可要退位、可要远走高飞啦!那样,你们就会失去我这样一位慈父和兄长,成为没人再哺的弃儿,成为……总之,你们的灭顶之灾,将随首席执行官的退位而空降!

二

显然,我那一番话,顿时在"天大"激起了阵阵的涟漪,你听听他们是怎么表达听了这个如雷的消息后的惶恐的:

(1)老孙说:您早该这么做啊!

(2)老骡说:这事……您为何拖到今天才办!您从开公司的那天起,就压根不该过问"天大"的内部事务,要不怎么会出现今天的雪山草地!

(3)老洪更显冲动:老板,那还犹豫什么?那么好的差事,连我——要不是年届花甲,早就跟你去抢啦!

(4)六姐的激情腾的一下就又燃烧了起来:"老齐,给你送行的 party,我一定要亲自点菜,咱每人都吃东北菜'大丰收',而且还绝对要点那首《真是乐死人》,为你壮行!"

(5)老富虽没说什么,但显然也喜形于色,只是俺色盲,没分辨出他那脸的颜色。

三

对于以上种种,我的最终反应是:"少废话,我刚才是逗你们玩呢,快给老子干活去!"

你攒人才要像集邮般耐心

一

我收集人才的方式有点像集邮,虽然本人并未真集过邮,却集了一大批如老富一类的奇才。

老富之才的"奇",如清末保留下来的邮票,那种邮票,我曾撕毁了另一张,所以就只剩下老富这么一张了。

二

老富的绝活,除了有些"250"之外,就是动手能力极强。这里所谓的"动手",除了手巧的意思之外,能动手打架也是一个方面。

三

我集老富这张票,是付出了长期的——如耐心攒邮票那样的——代价。绝版的邮票，你不但要长期保存，而且要想办法使其体现价值，你还需待价而沽，但这一"待"，就不知等到何年何月何日。你等邮票的兑现，是无须按月支付那"等"的代价的，但你攒"人才"这种票据时，可就要按月付薪了。这可能是一个莫须有又莫须无的冗长的过程，这个过程中虽然你每月付薪，但有可能，你攒的"人邮"却无英雄用武之处。

就拿老富来说，他那身子的功夫，在"天大"既没因打一场架而被动用过，又从未因为替CEO扫地倒水而伤了他的那一双粗大的"巧手"，老富的才能长期闲置，直到这几天因"天大"新项目的上马才最终结束。

四

"天大"下一个主要项目，是代理意大利"斜塔"牌的带小电梯的集便器，这个新项目的开发灵感，来自开遍京城的意式比萨饼店。

刚代理上意式带小电梯的集便器时，除老富以外，"天大"的所有"天兵"就都一下子傻了。

因为安装那种新潮流集便器最起码要事先拆房。你想啊，如果房子不拆，人怎么才能坐上带电梯的家用集便器呢？那等于是在家中另安了一个上下直通车，直通车的终点站就是房屋的顶棚。

你猜人家老富原先是干什么的？是专门拆房的。他那一身绝技的初始形成时期是大乱的"文革"时期，他那时就是专门负责上房去揭人家房顶的砖瓦。

五

老富在接到我的"带小电梯式集便器工程部主任"的最新任命时，有了一种"久旱逢甘霖"和"好马终于配上了好鞍"的冲动。

我也随着他那一身子的冲动而长舒了一口气，并取得了一种特大的心理安慰。什么安慰呢？安慰有二：第一，我集了长达两年的这张"人才邮票"，终于到了变现的这一天。第二，这天底下，尤其是在人人都不会动手的北京，有老富这身子从"文革"打砸抢那阵子练就的功夫的人才还真不好找。这种奇才有了，我那做意式带小电梯的集便器生意的决策，就没做错。你想啊，有老富这类的绝版式的人才，谁敢跟俺们"天大"抢这档子生意？

我没犯拉链门的错误，却像克林顿一样背上了债

一

"天大"身上的债，已有一千多元；有关这个数额，信不信由你。

二

你只要开上了一个公司，别管它是大是小，都早一天晚一天地会负上多多少少的债务。关于这一点，我劝想要开一家别管是"典型"的还是"非典型"公司的你，一定要有适当的心理准备。

从债务这个方面来说，区别"典型"和"非典型"公司的地方，是"典型"公司的债务——由于它们是有政府和国际势力支持的，有人帮着埋单。而你开的"非典型"公司的债务单则要由你自己来埋。"埋单"这个"埋"字十分酷，它使我联想到可能会成为经营"烈士"的你的牌位后面的那

一个不大不小的坟。那坟里可能埋着你的骨头、你的骨灰、你创业时已逝的梦、你的战略战术性错误、你的爱恨和你的种种遗憾。当然，它的里面，还可能埋藏着你那些经营期间残留的或多或少的债务。

三

经历过"非典"数月集便器市场大恐慌的"天大"眼下的任务是清偿"非典"时期所欠下的债务，而那些债务的主要构成部分是那期间俺派人、派车给"天大"两位数的员工们送去的如雪中炭样的工资。

那时大家都躲藏在家中，我则指挥着"天大"尚有的少数勇士，开车挨家给恐慌中的人们送去全额的薪水。那样做，是无数 CEO 当尽的责任——我至今也这么认为。我至今不那么认为的是，在别人催我公司因"非典"经营不善而欠下的情债时，为何没人替本人分忧。国难当头，企业的 CEO 便成了国忧的代理支撑人，而国难一过，企业——尤其是"小非典"公司的小忧，只得由小 CEO 们在幽暗中独担。由此而论，"小非典"的如草般多的小 CEO 们，是否都该算作是小民族英雄？

但这忧愁的坟由何人帮俺掩埋尸首而堆？

四

克林顿的例子,时常是俺为债务解忧的良方。克氏也背着千万美元的债务,那是因"拉链门"事件引起的。他于是全球四处游说,用讲演劝大家帮他埋单。日前他又来到北京的清华大学,大谈为救活艾滋病的患者而尽忠之事,但他只字未提的是,艾滋病也恰恰是因 zipper——拉链——拉得不严实而得上的。

zipper 一词,按字义上说,来自 zip(象声词,"嘘嘘声")。拉 zipper——拉链的时候,也会发声"嘘嘘"。因此,假使我在现场倾听克林顿为还拉链债而倡导救治因拉链引发的疾病的话,我肯定会发出起哄的"嘘嘘"之声。

五

吾与克林顿都因债而愁。我因为"非典"而负债,克氏为搞女人而负债。他没人帮着埋单,要靠全球跑着演讲;我虽也想四处奔走拉着人诉说,却没人愿听俺的愁冤。

那莫愁湖何时改名?谁说"莫愁"来着!

六

　　同样负着大小"拉链"债的尚在苦闷着的你们——小CEO们，在此，我想劝你们：一江春水它总会向东流去；你们的债啊，早晚有一天会被洗清。此时此刻，如果你战略上进退维谷，我劝你想想小布什；而此时此刻你有大小债务之忧呢，你一定要把你比作克林顿一样的曾经风流。

连老子我都开始当孙子了,你们……

一

在产品的供给全球化过剩的今天——卖东西,的确是孙子该干的事。

想说明的是,以上所用的"孙子"的概念,是沿袭了20世纪的习惯性的"孙子"的概念,那时的"孙子"是比较多的——由于儿子比较多,现在执行了一胎政策之后,儿子的供给量骤减,孙子也随之奇缺。奇缺后的"孙子"绝非"孙子"多余时的"孙子",他们都不再讲究服从长辈和屈于别人的裆前裆后。换种说法,就是今日的"孙子"的概念已等同于昔日的"爷爷"了。在此呢,咱姑且不管这些,还将就着把卖主、把搞推销工作的人们的工作性质定位为"孙子"。也就是说,尽管"此孙子"(21世纪的)已非"彼孙子"(20世纪的)了,我在21世纪,还沿用20世纪的旧孙子的使用方法。

行吧?

二

"天大"五年来一直是"巨无霸"的中国总代理。今天"天大"仍然将是"巨无霸"的总代理,但正如"孙子"的概念今非昔比一样,此时由于集便器的供给量已如洪水,此"总代"已非彼"总代"也。彼"总代"(20世纪末的)曾是爷,此"总代"已与旧世纪的"孙子"同义。真好比沧海桑田,真好似孙子造反。于是呢,在我的倡议下,"天大"公司干脆彻彻底底地做起了孙子式的工作,我们从管理分销商的非直销,转变成谁都不管不顾的直销商了。

三

从爷的角色到孙子角色的转变,如同人造飞船的转轨——我说是比较的艰难。那过程也仿佛是由当100个孙子的爷,变为1个孙子的100个爷之一。对!就是"之一"。"总代"在有100个客户求它时,就是爷,但当"总代"的总数已成为100个,而孙子下家的数目已变为1个时,那么你说,谁该是孙子,谁该是爷呢?

四

当我们开始搞直销时,我们就开始直接与那些买主——上帝们勾搭了,我们就开始将脸皮的厚度猛一下子垫高了。

总之,我们开始直接求人!

五

从被人求到求人那股滋味的转变,不知你知道不?假如你是从事直销、传销或者上门推销的,这句话就算我白说。但如果你本来就是专干——某局局长的秘书、美国使馆发签证的签证官以及全城独一无二的可将人脑先拆除再装上去的大夫——那类的、专被别人求着跑的职业的话,我劝你倒过来体验一下生活,你试试:

(1)被关进去后四处求人将你放出去;

(2)体验一下等发赴美签证的滋味;

(3)你先在脑中植一个巨大的坏瘤子,让它一天天长大,再找人满城中找个"一把刀",赶快把你脑子里的坏水排掉……

以上都是从被人求到求人心态转移的案例。

六

我这个CEO，由于被"非典型债务"压得像是得了哮喘，一下子就将心态从十几年之久的"爷"的位置转到直销或传销必备的"孙子"的位子上了。

我虽可转，但老洪、老富、六姐、小华、老孙等已经将"爷"或"奶"的习惯给定了型的——我的"天兵天将"们，却压根就不想跟着俺转。其中有积习，也有生理上的原因，因为老洪、老富已经膝下生出了第三代人，已经就是真正的爷爷了。换句话说，我让他们在工作定位上从爷转到孙子，不仅是强人所难，而且还有违天伦。

这是个"天大"的难题。

七

"老子我现在都开始当孙子了，何况……"

有一天，我真的急了。

"你不本来……就是个孙子吗？"

老洪一听，比我还急。他是想说：我的祖父他仍然健在。

看老洪怎么直销花边窗帘

一

杭派花边窗帘是"天大"的又一培植项目,已经年迈的老洪是该项目新上任的"攻关队长"。

老实说来,让老洪一类的"天大"人从搞管理到搞直销,我凭一个CEO的良心,是十分不愿意的。我并不是担心老洪在新的"花边"工作上,再次重犯将"买主"与"卖主"颠倒过来的路线性错误,我担心的却是老洪的外形设计和内在气质特别不适合于直销窗帘。

首先,是老洪的牙口上少两朵白牙。

起先人的牙是论颗计算的,不知为何,那牙一到老洪的嘴里,我就想将其数量单位由"颗"改写为"朵"。君莫忘,那祖国之花,也是论朵算的。

二

老洪的攻关对象，是各建材城年轻气盛的男性成功人士，也就是小业主、小老板。本来攻取那些对象的人应是六姐一类的略带口红颜色的中年妇女（不知为何，那些男士只喜欢中年妇女），因为六姐最近攻取的主要目标，是以亿元计算着卖东西的其他的想与中年妇女接近的已经成功了的男士们，于是，我只有派出了手上的最后一张破牌——老洪。对了，老洪刚被我从"天大"财务部长的职位上拿下。

这，你应还记得。

你并不记得的是——老洪为了攻取那些个"关"，是否也应涂抹上那么一点口红。

三

每次让"天大"的员工们出去攻关，我都万分地不忍，因为他们与本人一样，根本就不该是干这个的。"天大"的绝大多数员工都已老弱病残：有的心律不全，有的四肢不全，那些所剩的极少的心律及四肢还都好歹算全的，他们的家人却要么是心律不齐，要么是五肢都不全。

为何人还有"五"肢？你问我，我还想问你呢！反正这几天老洪天天缺勤，说他的哪个家人哪个支架——又不全了，急需他 24 小时地照看。我和旁人回忆并计算了一下，他的那个家人的所有四肢，都一一地早已不全过了，而且老洪每次都因之请过长假，怎的今天又多出第五肢来？我终于想起来了，20 世纪的西班牙战争中倒是出现过一个"第五纵队"。

四

有人看我实在撑得太累，就建议我将"天大"的现有的不是四肢就是五官不齐的人全都换掉，因为他们实在是无法跟着我在战略上从"分销"转换到"直销"。

这可真难为了我。因为如果那样换的话，本该都换掉。而且我是首当其冲，因为本人天生患有心律不齐，尤其是面临异性。我坚决说："一个都不换！"为了说明我的决定正确，我为那好心之人举了几个例子：

（1）你被任命为中国女子排球队的教练之后，你带的队伍输了球，于是你就对国家体委说：我无法带着她们为中国女排夺冠，除非你们帮我把她们（他的队员）都换成男的。

（2）对于我朋友先将"天大"中的老洪换成比尔·盖茨，再将六姐换成女强人希拉里的提议，我的回答是："您是否明年也想让小布什他来坐'天大'的这把交椅！"

本人和本公司还能小学毕业吗

一

上了十几年的学，读到 MPA 的我，有时竟然害怕在开公司的这条路上，自己可能小学都无法毕业。

小学，一般要上到六年，而一般小"非典"公司，都活不到那第六个年头。

毕业那时，它（小公司）就该是壮士。如果它那时还斗志未泯的话，它就一脚踏入中学，从第六年到第十二年，一直到中学毕业。能将一个公司开到中学都毕业的，按一般的说法，就该是烈士了。

进入大学阶段，如"微软""微硬"或者"不软不硬"（Microsoft 或 Microhard）的巨型国际级企业，就绝对是如木乃伊一样的出土文物般万分令人珍爱了。

本人有本事读书读到第十年，但能否将一个由老洪、老富、六姐为核心力量的小"非典"公司开到第十个年头、开到中学或者高中可就是个谜了。

除非你们使劲买本人写的这本书，那样，本人就可以用稿费给老洪、老富养老了。

二

我预计，倘若一个小公司能从死亡之谷——产品线的死亡中起死回生，能一直"混"到中学毕业，那么，之后再上高中、大学，也就比较容易了。

凭我的经验，想使一个上小学的公司垮掉容易，但想使一个开到第十年的正在中学读书的"中学生公司"倒闭掉，就不那么容易了。因为到那时候，一个公司所积累起来的有效客户或者有固定生意往来的中外国公司的集合力量，应该足以支撑住你的那个处于困境的小公司了。这就好比人干坏事干得多了，被你害过的人（公司）一人吐一口唾沫，就能将你淹死；而反过来说，如果你干的"有德"的事多了，当你落入倒霉的逆境中时，若要想捞你，人人伸出小手抑或小脚，来拉你一下，你也就挺过去了。

这是一个十分好懂的加减法，连小学都不用上就该会。你做生意时，由于干的是谋利的勾当，难免不干恶事，也难免干些个好事。但如果好事减坏事等于正数，那你的"小非典型"公司就可能存活下来，因为别人在你倒霉时，会将那个"正"归还给你。但是，如果你的"好事减坏事等于负数"

的时候，你公司的小命可就早晚会呜呼哀哉了，因为你正处于"负"时，别人送给的，是另一个"负"，"负""负"相加，是个"大负"。

"负"太大了，你不死，谁死？

三

以上的小九九，又如银行的存储，你在"小非典"的形象的积蓄上，也要像在银行存款一样诚心诚意。要注意，我绝非在教你做一个伪善人，因为"伪"是一个生意人本然的天性，这不用我教你。我的意思是，别管是真是假，你都要特像一个道德的楷模，就如同那小学生总描的"红模字"，你要无休止地当那个"模字"。

比如，我派已经老迈年高的老洪当本公司的发言人及形象代言人。我让他做女人用口红的产品示范，并总亲自将他撑上讲台。

那时刻的我看上去竟出奇地"道德"。

还有来讨债的兄弟公司派来带哭腔的小女孩来催债时——就是我早先讲的那1000块钱——我就派六姐，带着更有力的哭腔以及欲哭无泪的表情热情接待。

那时那刻，我通常是让已经有几天没染发的老洪给讨债女孩倒水（他平时卖货时必须染发，但来人催账时绝不许染发），又让也是没有染发并会八卦掌的老富为她捶腿。

采取以上有效措施之后，兄弟公司的小女子比我们还要同情我们的处境。她一定十分惭愧没能像本人这样为祖国忍痛万分地支撑着这么多无效的就业。

但人家老洪老富才50多岁啊！我最起码要撑到他们抱上第二个孙子！

四

由于把"企业小学"勉强开到今天，又由于我做这类的道德工程比较到位，于是啊，当我这几个月向全球的与"天大"有过亲密或不那么亲密关系的——兄弟公司们通告——"天大"可能不想再接着"上中学"时，关系户们可一下子就急了，有空运"飞毛腿"集便器的，有抢着通过网络给老洪和他儿子介绍对象的，还有想借机先将那个常来要账的小女子给娶走了的。总之，他们都真心也希望"天大"继续支撑下去，一直撑到老齐我也成为老洪、老富那天。

五

以上举了一些实际例子并加以加工，主要是想说明，你开"小非典"开到中学，开到第十年，主要是依靠道德力量。

我是个从不带枪的连长

一

而今的中国,已太平无事,无事年代的"手枪"就成了手机。

手机,同枪一样。

我虽"贵"为CEO,"贵"为一个公司的长官——"连长",却从不带"新时代手枪"——手机,这在江南以北的集便器行业之中,早已成为人人皆知的绯闻。何为绯闻?就是不知道它,就没有资格经营马桶生意。

不带枪的连长,就是无敌的连长,因为连那些想朝他开枪的人,都被影响得不带枪了。

不带枪的连长,异常地仁道,仁道得想将他击倒于胯下的敌人,都开裤裆了。

不带枪的连长,真是气死人,气得连想骂他的人都得朝着天骂。

不带枪的连长想枪毙人时,十分简单,简单得让他的手下老洪去就行啦！

二

我是受到二十年前一个动物专题片的影响，才决定不携带手机的。

虽然那时还无手机可说。

那个片子说的是海洋科学家想跟踪一只海豚在海里的游动状态，就先在它的身上安上一个类似BP的装置，那样，BP就能随时向岸上的人类发回海豚的信号。可能BP、手机一类的家伙们，就是按照那样的思路发明出来的；发明并使用它们的目的，无非是像跟踪豚（猪）一样地追踪人类自己。

因此，不是蠢豚（猪）的本人就不想用它。

三

处于"非手机"的状态，能使我将"天大"及其同伙——无论是生意、是生意人、是员工们、是遗梦、是烦恼们——在为数不多的时间阶段中隔离，隔离之后的效果，就是使其变得抽象、非感性化、简单化、线条化、非浪漫化地被我处理。人身入其境时，无论是生意还是非生意，都难免浪漫化和感性化，除非你是温州人和犹太人。但爱写骂人小说的我，却不愿与凡人一样地动不动就冲动。像这样，你（指我）就该间断地从战场隔离开你自己。隔离后的你，更便于处理多元化的、多火车头的业务。既然一个 CEO 的真正使命，尤其是在国民经济每年增长 8% 的高速发展的"非典型"时期，是组织和策划至少是 6 个月之后的"后事"，为何手机偏偏要找到你呢？你会接收到一个 6 个月后才会出世的孩子的呼叫声吗？

如果会，那你准是如孙行者一样的"猴人"！

四

我不使手机没错，错的是"天大"的员工们也以 CEO 为榜样——只想做 6 个月之后的"后事"，而且争着比着不用手机。更有甚者，他们还都告诉人家不用手机是为了与上帝们拉远距离，因为距离会产生美。老洪就是最不像话的一个。老洪目前是销售人员，搞销售的用特别感性的话说，就是要对每个客户都开怀一下子扑上去——不管是男是女；而绝不能像老洪那样——终日与他的"上帝"们保持与 CEO 一样甚至更远的距离。

CEO 总应与公司若即若离；而一线干销售的就该与公司的碎步总心贴着心——同步地狂跳。

五

　　于是有人反映,说虽然找"天大"的CEO难以上青天,但好歹还能见到"天大"CEO的面,他(俺)动不动就上电视,不是讲授人生哲理,就是当集便器爆破事件的被告;但找"天大"的业务员老洪,比找SARS疫苗还难。远的不提,就拿昨日来说,有个"上帝"想跟"天大"签一个"天大"的合同,满城地寻找没有手机的项目经理老洪——让他去拿合同,却怎么都找不着他,眼看那个合同快要让"地大"抢走了,还是没找着老洪。实在没办法,那个"上帝"的助手就急中生智,对"上帝"说:"对啦,你不是有他老板齐天大的手机号吗?快CALL他的老板!""上帝"那厮还真找到了本人几年前留给他的"天大"手机号码,他一看,那号是:00-86-010-911。

"天兵"们打仗时用长白山楠木殿后

一

打仗时有当前锋的，亦有垫背和殿后的。做前锋的只管冲锋就是；做垫背和殿后的只有以一死来尽责。早先，在"天大"的产品线上，打前锋的是"巨无霸"集便器，而"非典"之后，SARS之余，全城以至全国的集便器生意就都快死了。"昌浩"集便器连锁城快倒闭了；"神火马桶城"也只是回光返照。"昌浩"去年是何等的风光啊！在《北京晨报》上整版整版地刊载"无后牌集便器"的大型图片，每周都隆重地推出"十大著名集便器"系列。而当时，只有我的"天兵"们——这些早先帮助过"昌浩"公司、把他们像集便器那么隆重地推出去、推火了的行家们——才知道，那些所谓的"十大"名牌马桶，压根就没有一个不漏的。

二

"神火"集便器就更是一把虚火，那把虚火竟然烧遍了京城，烧到了"非典"之后全城跑着的大小公交车的车玻璃上（他们的广告）。以前，作为这个集便器行业的资深人物，我曾苦劝"神火"的同行们，说集便器再做大做强也是用作盛载粪便的，千万不要将其视为神物疯狂地宣传它们，但"神火"真是不听老子劝啊！你看你看，整得"非典"之后满车窗子的粪。

以上所说的，只是一个意思，就是集便器这个行业，已然成为一个真格的集便器，里面不仅有我们这样的天兵天将，还混杂着各式各样的五谷杂粮、三教九流以及各类不得志的游勇散兵，是个已成了鸡肋的临危行业。

何为临危行业？

供给过剩之行业也。

毛利率小于 10% 之行业是也。

别忘了，我们中国人——不光是东北人——已处在一个非典型的、产品远远过剩的时代啦！

IT 业曾经临危。

建材业曾经临危。

造船、钢铁业曾经临危……而如今该轮到我这个由我们领过跑，还带着头的集便器业界临危啦！

过剩并非绝无需求；也许需求，永远是绝对有的。非洲对很多东西的需求就老是绝对地高。

比如对钢铁，比如对船，比如对IT，又比如对马桶。

何时人类不再对马桶有需求了，这世界……

但长久需求却不等于急切和旺盛的需求，远方的需求并不等于身边的需求。对于京城正在干这个行当的经营者们来说——目前局面可真是临危的。何为俺们的临危状态？就是市面上的马桶太多，太多，太多……卖不出去了。干这行当的人在它好卖时，都将家里的钱变成马桶，而眼下到他们这里买马桶的人太少，太少，太少了，他们的马桶已变不回去钱了。在这时刻，卖菜的人要将剩菜带回家去吃；卖船的人要将那船搬回家开；卖牲口的人需为多余的牲口养老；卖灵魂的人（如正在写书的本人）只得将过剩的灵魂埋藏……同理，那些卖马桶的人呢？没别的出路，就只有将那些个马桶都搬回家自用，或者像"神火"那样，将它们贴到满城跑的车窗子上了。

这叫作"非典"时期的典型过剩。

三

局部地将一只脚从马桶中抽出，是此时这个行业的经营者们唯一的出路，倘若你没像"神火"那样，已发展成马桶零售超级大鳄、已能将你屁股后面的追兵——如"昌浩"甩开一段距离的话。也就是说，你在这样的行业背景下，要么当那个第一，你占据第一的垄断性的绝对优势，要么你一心二用，向相关行业转战，先把你的产品线从一元化变为多元，再用多元的利润保持住你在第一个业务单元上的"存在"的权利，这样，一旦"多元""多边"的几条长线做成之后，你不但不会失去你的"第一元"，你还会将那些因未搞"多元"或未搞成"多元"而从"第一元"业务中出局的、从前是竞争者如今已成了"烈士"的对手们那里——抢回当初他们占据的那些个地盘。

你看懂了吗？

如果没懂，也无所谓，反正你也与集便生意无关。

四

"天大"这个火车头上——为了获取"多元化"的利益，眼下已经被我挂上了除了第一节——"巨无霸"——之外的多种车厢。据不完全统计，它们到目前为止有：

第1节：美式"巨无霸"粪便收集器（马桶）；

第2节：杭派"无比风流"牌花边窗帘；

第3节：瑞士产"暧昧"牌人粪状防火涂料；

第4节：韩国"红魔"自爆式家用锅炉；

第 5 节：意大利式家用"斜塔"牌自带电梯马桶；

第 6 节：日式"浮世绘"牌别墅用墙纸；

第 7 节：长白山"人参"牌千年古木制棺木。

关于第 3 节的瑞士产"暧昧"人粪状防火涂料，我需说明的是：第一，这不是笑话；第二，那种涂料是一种能自燃并且燃烧后看上去极像人类大便的，遇热能忽然膨胀起来的化学物质，它还真能保证在房间内部的你不被烧死，至少，也会使你有充足的时间死里逃生。

关于"天大"车头上挂着的最后一节车厢——长白山"人参"牌千年古木制棺木，我想做其在京城独家代理的原因有若干个：其一是它也是建材，做它对建材的专业企业"天大"来说是轻车熟路和顺理成章。其二是它比一般用于人活着时使用的，比如说日本"浮世绘"牌别墅用墙纸、杭州"无比风流"牌花边窗帘等物品更为超前，这些都是人活着的这几十年人们居家所需的，这些东西再结实也最多只是用个 100 来年，与集便器差不多，不能算独特和超前。而人家棺木呢？人家也是建材，是人死后的那个家——棺材用的装修装饰必备材料；那种"建材"不使则罢，一使用起来，还不得用它个几百年、几千年的，比一般建材产品（如马桶）的使用寿命和保修期长多了。不信，你到"天大"来亲眼看看，俺公司的长白山"人参"牌棺木的保修期——最短也是八百年！

这也算是西人所说的什么"基业长青"吧！

我精心布置了一个十分重要的会议

一

本周我委托一个朋友,作为"代理首席执行官"奔赴上海分公司,去主持一个主题为"誓死将红旗一直打到底!"的动员大会。

这个动员大会主要起以下作用——我让朋友代替我传达给与会的各位代表的。

其一,毫无保留地、坚定不移地推动主营业务从"巨无霸"的单一化向以"长白山人参棺木"为主核心、以"杭派风流花边窗帘"为副核心的多元化转移。因为从目前美国人把我公司进口的"巨无霸"疯狂涨价的非理性行为之中,我们已经可以洞悉小布什当局狂妄的单边主义在集便器进口上的胡乱反应,假使我们今天还跟着小布什走,一旦他来个对华集便器禁运,"天大"公司就会立即寿终正寝。那时的首席执行官将回家专职写小说,那时的"天兵天将"将成为CEO小说中追忆缅怀的对象。显然,那种结局我看并不可取。

其二,"天大"要想长命百岁,只能走正规化的道路,要以马不停蹄的速度,实现"天大"从"非典型"公司向典型化公司的过渡。而过渡的主要手段,是肃清"天大"长年累积下来的一系列"非典型"的恶习,以及林林总总的"非典型主义",尤其是在异地的分公司中,清除那些个"主义"们,而这,已是能否顺利将"天大集团"从"非典型部队"转变成"典型部队"和正规军的必备条件。

派去的朋友问都该彻底批判哪些个"主义"才能从"非典型"企业变成为"正典"的公司,我草草列举了一下,就举出十几种乱七八糟的"主义",比如:分裂主义、逃跑主义、小金库主义、小集团主义、单边主义、恐怖主义、单边的恐怖主义;不服从中央(母公司)的小打小闹主义,在报销上的无事实根据主义,对领导才能怀疑的主义,"不开手机"主义,对革命的前景从没乐观过的主义;游击队思想,自摸、卡裆推倒和(麻将用语)意识;野战军的野性,民兵的东跑西藏性,草寇习惯了的不脱衣就上床习气……还有,要克服已经典型化了的流气、痞气、匪气、娇气。还有那些个非 ABC 习性(指死活不会英语,不想搞全球化)、非上海话的毛病(指不尊重地方同志)……

其三,主要是反映在公司员工的报销方式以及对待公司财物的态度方面。这方面的就更显形形色色了!比如,有的明明喝的是粥,却按干饭的标准报,还有的明明给 CEO

买的是硬座火车票，事后却偏按软席卧铺的全额报，害得CEO在硬座上连夜受折磨，心想省了一大笔开支，还在火车的摇晃中有节奏地心中暗喜，事后一看那报销条，才知道是场"空喜"和"白喜"！

再有就是老富。他总爱先为CEO买东西，后再报销，还从不事先告诉CEO他要买的是何物。比如，有一次他为CEO花重金购买了一大款上等的棺木，事后才来报销巨款。CEO问他："我何时让你为我购买这么好的棺木来着？打几折？咋砍的价？咱公司有这么强的实力吗？"老富听我逼问他后还特显委屈，说："我这是为了你好，你知道这棺木是用绝版木料打造的吗？我好冤哟！"我急了："难道你不知道帮人买东西，想让人报销，需要事先征得别人的同意吗？"老富使劲摇头。我说："那好吧，下次我先用重金给你修建一座千年古墓，之后再找你老婆报销去吧！"

二

一提起棺木的事，我的气还没完呢！自打"天大"总体在"非典"后期向长白山棺木的业务转移之后，公司不知损失了多么宝贵的棺木样品！我从开头就用力警告这种棺木是用了千年古木打造的，用一根就少一根，而且比人参贵多了；它们是为"巨无霸"集便器的某一部分有钱的VIP客户专门设计的长线稀缺产品,是"天大"公司的下一根生命线和救命草……我是想说,这是专留给死人用的,可不许你们像私吞"巨无霸"马桶那样擅自往家里扛!我的话音还在大京沪两地上空徘徊着,事件就又出来啦!果然不出我所料,没过半月,有的"天大"员工,就已在使用长白山绝版棺木私自打制的双人床之上搂抱着打呼噜啦!

总在燃烧的六姐那份激情啊

一

我送六姐的外号是"激情燃烧",取材于电视剧《激情燃烧的岁月》。

六姐本不姓"六",之所以在这篇杂记中将之改写为"六",是想有六六大顺的意思。

另外,还能跟那七大姑八大姨做伴儿。

二

六姐是"天大"的"零售部"销售经理。

总处在热烈燃烧的状态之中的六姐,你根本就不用事先知道她的相貌,就可在走进"天大"公司时,从如下的这类由她发出的声音之中认出她来。

她在电话中,往往是这样向她的客户们介绍"天大"的新式产品的：

哟，马姐，你怎么才听说啊，咱"天大"开始卖棺木啦！（其实她也是半分钟前才听我说的。）对！也是建材！这——怎么与我们的美式集便器矛盾啊？你想啊，你坐了一辈子的进口高级集便器，你图的是什么？还不是图个进出口顺畅嘛！对！那你一旦去世了呢？你住哪儿？什么？你住骨灰盒？那也太不舒服啦！那是没品位的穷人住的地方！像您这样的大款，怎么着也该全息全影地来个阴间豪宅是不是？！

过一会儿，你再凑上听听，六姐就应该已经进入销售的下一道环节——与客户进行实质性商谈了。你听：

没错，绝对卖一根少一根！那可是长白山上长了几千年的比人参还高的大树做的——棺木啊！你可别与那些用天坛松木做的棺材比，天坛海拔才多少？人家长白山可是高原，高原产的木材价格哪有低的？我保证绝对环保！没错，有人已试用过了，说住在里面的感觉贼好、贼豪华。保修期100……不1000年也行啊！噢，不过，你将棺材退回来时，可千万要保持原样！

又过了一会儿，六姐小声说道：

马姐，我可是乘人没注意，才给你预留了一根年头最长的……你妈你爸早已……那你不正好自留……

三

由于"天大"现行的是列火车能拉多少就拉多少的战略，马姐第二天就在六姐的一番美言相劝后从"天大"公司一揽子地采购了如下的产品：

（1）一根原装的据说有1020年寿命的——"长白山人参棺木"。

（2）棺内——将首次试用瑞士"暧昧"人粪状防火涂料喷涂。按照六姐的理论，越是地底下，就越该加强防盗防火意识。

（3）当然，棺内还必须装配一套上等的意式带小电梯的"斜塔"——集便器。六姐说了，不怕一万，就怕万一，万一马姐哪天突然醒来，如果没地拉屎撒尿，那还不把棺材内搞臭搞污染了！

（4）棺内，在瑞士人粪状膨胀防火涂料和日产"浮世绘"壁纸上面，又包裹了厚厚的一层最时髦款式的——杭派"无比风流"花边窗帘。为什么？这还需问六姐，我考考你——人都入土为安了，而且一住就是万年，再不踏踏实实风流一把更待何时？

我们从 SARS 中来　再回 SARS 中去

一

我写本书这类札记体小说时,素有一个掺和着惰性的习惯,就是一节一节地写下去,写到第 100 节时,就开始大喘气,就无论如何也再没凝聚力写下去了。这可能是因为我有少时落下的要跑 100 米就绝不跑那第 101 米的恶习。我多一步都厌得再接下去迈腿。结果呢,你也会预测,我是永远永远也跑不过朝 100 米玩命冲刺的那些个亡命徒的。你想,我要只舍得跑 100 米,倘若我不在第 90 米的时候减速,我能停得住吗?除非你让我跑 110 米栏,不过,那还得撕破裤裆。

写这本小书也是同样。在写到第 90 节时,我已感觉像是开始说着胡话和废话了,已害得读这本书的你们——跟老子(或庄子、"庄孙子"——齐子)无端地闲逛了一程子的盲路,于是乎,我决定到此停住也罢,因为本小节,正是那终线上——第 100 节。

二

我又翻查了一下，发现这本书的第一笔，正落在 2003 年 4 月 24 日，也就是"非典"刚开始狂妄的那几个凡北京人都毕生不该忘却的日子。记得那正是人们都跟老鼠一样闻药味就瑟瑟发抖、就灵魂出窍的日子。那时本人连戴着口罩都不敢外出，唯一敢做的就是提起久违的破笔——写这本烂书。没想到，这一写下去，就写到了 2003 年 11 月 27 日的——今天。

三

100，是个有着许多情结的数字，比如，巴金本周，正在庆祝着他的百年诞辰。还有小孩子的百日咳，还有历史上的百日维新，还有百年老店……再有的就是关于"天大"公司 2003 年这"非典型"的一年的 100 段由它的 CEO——齐天大记录并成发挥了一阵的——非典型故事了。

四

关于那 SARS——严重急性呼吸综合征，在上一两周内，本人又得到若干消息：

第一条，据说能防止SARS的灭活疫苗已经问世。

第二条，香港昨日又发现了一例SARS疑似病人。

第三条，北京某大型医院由于在SARS期间被指定为SARS收治定点医院，财政上的亏空至今尚未补齐……

以上的诸条消息，有的是大道的，有的是小道的；有的是见报的，有的是不见报的。但我相信，大道小道，见报与不见报，凡是出现非典型的不顺利之事，都是出于与之有关的人和部门的万般的无奈。

这正巧与"天大"的无奈，有同病相怜之处。

五

不仅是俺们"天大"，许多企业和非企业，都多少在这2003年之中，制造出了许许多多的类似"严重急性呼吸综合征"的病症，区别只是在于：有的好得快些，有的好得慢些，而有些，根本没好或已不再可能好地死去了。

"天大"的"呼吸综合征"绝非始于SARS，任何人和企业想将他们的综合征一味地归到SARS头上，都是出于比SARS更严重的精神疾病，但是，SARS给这一年许许多多以二人以上为单位的无法计数的营利的非营利的、正统的非正统的、正当的非正当的无论大无论小的组织团体们带来的冲击和打击，可能，都是值得用以写一本小书这种方式给如实札记下来的。

因为它毕竟是那么一段不是典型状态的畸形的历史。

哪怕是一小段呢。

六

"非典"已逝，或者"非典"已休息，但非典型的故事却从未停止，"非典"之后，举国的经济以8%速度恢复，仍无法取代几个月来"非典"在草民生活中遗下的病症和哀怨，以及悲痛中的偶尔欢快。

如草般的野性公司——如"天大"般小的，正在以"典型""非典型"的方式速生速死速枯萎速繁荣，由此将吾国吾民再由这个微寒的冬季带入下一个不希望再有任何呼吸困难症的典型的辉煌年岁。

七

正好，今年是猴年，是齐天大圣又将"金猴奋起千钧棒，玉宇澄清万里埃"的年度。

八

愿明年"非典"它不会再来——
愿"天大"的新兴棺木事业,像棒槌般永垂。

2003年11月27日于"人济山庄"

后记：一种了结的纪念

今天，我终于完成了《可怜天下CEO》的修改——那是一本写成于2003年的书。自那之后，我改了两次，但每次都在存盘的那个关键的时刻，改后的它就又复原了，由此，我认定它是一本不愿意被改动的书，也包括生下它的父亲——作者本人。其实，就在这次改它的时候，它又复原了一次，我就怒了，我就说："去你的吧！"但它随后改变了态度，因此，我得以在开学的前一天，把它身上的鳞刮干净了，杂毛也拔光了，就等着，让编辑们烹制了——假如编辑不嫌它腥的话。

那要碰运气哩。

写这本书的时候，我还是个老板，还是个三军统帅，但我的直觉告诉我——你作威作福的日子不多了，革命马上就会成功。因此我就加紧写。我每日每夜和没日没夜地写啊写……就在那个"人济山庄"里的我的那个已写了两部书的无声无息的斗室里，但那绝对不是一个陋室，因为它很奢侈。

书写完了，那房子也易了主。它的新主人，我想，绝对不会想到，在海快枯和石就要霉烂时，他从一个"作家"处得到的那个居所，在那个"CEO作家"刚刚不在了的时候，会被政府强行征用，当作"齐天大纪念馆"，被人们赞扬、瞻仰和凭吊。

这无疑是气话。

总之，我把那个曾用于"避世"和写作的、在里面独自奋斗过五年的屋子和司令部，转给了别人。

我很不得已。

所以，这次的改书，也是对往事和过去了的感觉的一次悼念：我忘不了那些个峥嵘的岁月——在和平年代看来，我忘不了那每日在紫竹院湖滨的游荡，我更忘不了那火热的商业的战场，那其中的飞奔的泪雨和斩将杀敌的畅快。"人济山庄"18层的那个斗室，当时，就是我的战斗指挥部，是无数场"战役"发起的地方。我身在高楼之上，写着书，"敌军"的尸骨却在千里之外飞扬。

我由此又终于懂得了，男儿的命，就是在沙场，在格斗的时候，在用智谋的时候，在较量的时候，在飞奔的时候，在叫喊的时候……而不是在——打字的时候。

我十几年征战之后，已从那里离休。

我能做的，就是整理那些个废墟中的武器残片；我在时隔四年以后，又在清理战场。我缅怀那些个"敌人"和"部下"，以及那些伤痛加遗恨。我像晚年的彭大将军，在修改着他的《自述》。我一遍遍地改，又一遍遍地丢，恐怕，这种不舍的结束，正是来自那烽火台狼烟的袅袅。

齐天大
2007 年 8 月 22 日